체벌
거부
선언

체벌 거부 선언

폭력을 행하지도 당하지도 않겠다는 53인의 이야기

2019년 5월 5일 처음 펴냄

글쓴이 | 하승우 필부 피아 최수근 진웅용 지혜 지선 쥬리 조영선 전유미 이희진 이효성 이진영 이정화 이정림 이윤승 이윤경 이윤 이용석 이옌 이상한숲 이상 이루 이기자 이글 이경은 윤소영 유림 유내영 우담 오월 오늘쌤 영실 숨눈 송미선 삼사 비비새시 변춘희 베타 배경내 박선영 모내기 림보 류주욱 두리번 날맹 난다 김영식 귀홍 권리모 광홈 공현 고유경
기획·편집 | 이진주, 이경은
삽화 | 김지호
출판자문위원 | 이상대, 박진환
디자인 | 더디앤씨 www.thednc.co.kr
제작 | 세종 PNP

펴낸이 | 김기언
펴낸곳 | 교육공동체 벗
이사장 | 심수환
사무국 | 최승훈, 이진주, 이경은, 설원민, 김기언, 공현
출판등록 | 제2011-000022호(2011년 1월 14일)
주소 | (03971) 서울시 마포구 성미산로1길 30 2층
전화 | 02-332-0712
전송 | 0505-115-0712
홈페이지 | communebut.com
카페 | cafe.daum.net/communebut

ISBN 978-89-6880-116-7 03300

이 도서의 국립중앙도서관 출판예정도서목록(CIP)은 서지정보유통지원시스템 홈페이지(seoji.nl.go.kr)와 국가자료공동목록시스템(www.nl.go.kr/kolisnet)에서 이용하실 수 있습니다. (CIP제어번호 : CIP2019017514)

체벌 거부 선언

폭력을 행하지도 당하지도 않겠다는 53인의 이야기

교육공동체벗

목차

책을 펴내며

체벌은 이제 사라지지 않았느냐는 물음에 답합니다

'체벌은 없다-청소년에 대한 모든 폭력을 거부한다'

2018년, 아수나로가 진행한 캠페인입니다. 청소년, 부모, 교사 등 여러 사람들로부터 '#나는_체벌을_거부한다'는 해시태그를 단 '선언'이 이어졌습니다. 이 책은 선언에 참여한 사람들에게 에세이를 받아 엮은 것입니다.

저는 2011년, 오마이뉴스에 '양심적 체벌 거부 선언'이라는 글을 공개한 적이 있습니다. 당시 '양심적 체벌 거부를 선언하는 교사모임'이라는 카페를 만들고 온라인 캠페인을 제안했습니다. 하지만 체벌 거부를 선언하는 교사를 모으는 것은 쉽지 않았습니다. 한 선생님은 학생을 때리지 않지만 그것을 공개적으로 말하기는 곤란해했습니다. 다른 교사들에 대한 일종의 배신으로 느끼는 사람도 있었고 지금은 학생을 때리지 않지만 과거엔 때렸기에, 혹은 앞으로 때릴지도 모른다는 불안감에 선언은 부담스럽다는 사람도 있었습니다. 전에도 비슷한 캠페인이 있었지만 잘 안 되었다는 이야기도 들을 수 있었습니다. 절망스러웠습니다.

아수나로의 캠페인에 흔쾌히 함께하겠다 말하면서도 속으로는, 이번에도 잘 안 될 거라고 생각했습니다. 하지만, 달랐습니다. 이 책의 1부는 부모-자녀 간의 체벌, 형제자매 간의 체벌을 이야기하고 있습니다. '때리지 않겠습니다'라는 선언에서 그치지 않고 '맞지 않겠습니다'라는 선언까지 담았습니다. 학교에 갇혀 있던 체벌이라는 말을 끄집어내 보다 넓게 사회화했고 자신의 잘못을 깨닫고 양심 고백을 하는 권력자의 언어에서 더 나아가 스스로에게 가해지는 폭력과 억압을 거부하고 저항하겠다는 당사자의 선언이 된 것입니다.

체벌은 인류 역사 전반에 걸쳐 있는 해묵은 주제입니다. 고대 유적지의 벽화에도 사람을 채찍질하는 모습이 그려져 있고 귀족 집안 자제들은 노예를 때려 교육하는 방법을 어릴 때부터 교육받았습니다. 마을공동체의 멍석말이는 아무도 침범할 수 없는 '신성'한 행위였습니다. 소수자들은 이런 현실에서 존엄을 지키기 위해 싸웠습니다. 노예들은 맞지 않기 위해 민란을 일으키고 전쟁에 참여했고, 공장에서 일하는 노동자들은 맞지 않기 위해 노조를 만들었습니다. 이제는 꼭 때리는 것만이 체벌이 아니라 손들고 서 있기, 반성문 쓰기 등의 간접적 체벌 역시 폭력이라는 말이 상식이 된 사회가 되었습니다. 그야말로 사회의 진보입니다.

그래서일까요? 체벌을 이야기하면 아직도 체벌이 있냐고 되물으시는 분들이 많습니다. 올해 우리 반 학생들에게 물어보았습니다. 학교든 학원이든 집에서든 혹시 한 번도 맞은 적이 없는 사람이 있냐고요. 단 한 명도 없었습니다. 당장에 맞았던 기억들이 입에서 줄줄줄 흘러나왔습니다. 모두가 체벌 폭력의 피해자이자 생존자였습니다. 이들에게 사과한 사람은 누구입니까? 이들은 체벌 폭력에 대해 어떤 보상과 지원을 약속받았습니까? 재발 방지를 위해 마련된 장치는 무엇입니까?

일본군 위안부 희생자 한 분 한 분이 돌아가실 때마다, 제대로 사과를 받지 못하고 마감된 삶에 사람들은 분노합니다. 동일한 폭력이 반복되지 않음이 곧 문제 해결은 아니기에, '이제 일본군이 여성을 끌고 가는 일은 없지 않느냐'고 묻지 않습니다. 그런데 왜 체벌에 대해서는 '이제 때리는 교사(부모)는 없지 않느냐'는 질문이 그토록 강력할까요.

반성폭력 교육에서 강사가 질문했습니다. "성폭력이 왜 문제일까요?" 그 질문에 참가자들은 범죄라서, 잘못이라서, 나쁜 일이니까 등의 답을 내놓았습니다. 강사는 다 맞는 말이지만 자신의 생각에 성폭력이 문제인 이유는 '고통받는 사람이 있어서'라고 말했습니다. 성폭력의 해결은 피해자의 고통을 사라지게 하는 것에 초점이 맞추어져야 한다고도 말했습니다. 그렇습니다. 고통이 있는 한 폭력은 해결된 것이 아닙니다.

시대가 바뀌었으니 이젠 때리지 않는 교사(부모)가 훨씬 많다는 말은 체벌 문제가 해결되었다는 뜻이 아닙니다. 지금은 맞지 않는다고 해서 예전에 겪은 체벌 폭력의 피해가 사라지는 것은 아닙니다. 그것은 권력자의 착각일 뿐입니다.

이 책에 담긴 기록들은 당연하게도 고통스럽습니다. 과거에 행하거나 당한 체벌 폭력이 지금까지 나를 얼마나 괴롭게 하는지 말합니다. 맞고 싶지 않다는 나의 저항이 얼마나 잔인하게 짓밟혔는지 말합니다. 그리고 더 이상 이런 폭력을 수용하지 않을 것이며, 경험을 드러내고 말함으로써 상처로부터 자유로워질 것이라고 선언하고 있습니다. 체벌로 인한 고통은 이토록 우리 앞에 생생히 존재합니다. 이 책을 통해 체벌 폭력이 우리에게 입힌 상처를 돌아보고 괴로워하고 사과할 수 있게 되길 바랍니다.

2019년 5월
체벌 폭력의 생존자
53인의 저자들을 대표하여
이희진

1부
‘사랑의 매’는 없습니다

부모와 자녀, 형제자매의
체벌 거부 선언문

'사랑의 매'는 훈육이 아닌 폭력이다

얼마 전 딸에게 어렸을 때 엄마에게 맞았던 게 기억나느냐고 물었다. '당연히' 기억난다고 했다. 왜 맞았는지도 생각나느냐고 물었더니, "왜 맞았는지는 기억 안 나지만 엄마한테 맞았던 건 생각나. 엄청 아팠어"라고 했다. 그 말을 하는 딸의 얼굴은 그날의 아픔을 여전히 느끼고 있는 듯했다.

스무 살인 큰딸이 아마 네 살, 작은딸이 두 살 때쯤이었을 거다. 큰방에서 두 딸이 사이좋게 노는 소리를 듣다가 깜빡 잠이 들었다. 18개월 터울인 두 아이를 혼자서 온종일 보살피던 때여서 잠깐의 단잠에 정신없이 빠져들었는데 뭔가 싸한 느낌에 잠이 깼다. 큰방에 있던 아이들이 보이지 않았다. 거실로 나와 보니 싱크대 안에 있던 밀가루가 바닥에 쏟아져 있고 냉장고 문이 열린 채 깨진 달걀 서너 개가 밀가루 위에 놓여 있었다. 두 아이는 은밀한 눈빛을 주고받으며 신나게 밀가루 무더기에 달걀을 버무리고 있었다. 불같이 화가 났다. 집 안을 엉망진창으로 어질러 놓은 것도 화났지만 나의 휴식을 깨뜨려 버린 것에 대한 분노가 더 컸던 것 같다.

"남○○! 남○○! 이게 뭐 하는 짓이야? 누가 이런 거 꺼내서 놀라고 했어? 응? 집이 이게 뭐야? 엄마가 자는데 그새를 못 참고! 엄마가 이거 어떻게 다 치우라고? 너네 둘! 엄마한테 맴매 맞아야겠다. 맴매 어딨어?"

밀가루 범벅인 채로 둘만의 놀이에 빠져 있던 아이들은 깜짝 놀라서 그 자리에 얼어붙었다. 더구나 '맴매'라는 말에 얼굴은 순식간에 공포로 질려 버렸다. 나는 아이들을 화장실에 몰아넣고는 우악스럽게 옷을 벗겼다. 엄마의 짜증스럽고 거친 손놀림에 금세 벌거숭이가 된 아이들은 두 손을 내민 채 울고 있었다.

"남○○! 남○○! 너네 잘못했지? 밀가루, 달걀 꺼내서 이렇게 엉망으로 하면 돼? 안 돼? 몇 대 맞을래? 응?"

아이들은 두 손을 싹싹 비비며 빌기 시작했다.

"엄마! 잘못했어요. 다음부터 안 그럴게요. 맴매하지 마세요."

아이들의 애원에도 아랑곳하지 않고 나는 두 아이의 손바닥을 회초리로 세게 내리쳤다. 한 대, 두 대, 세 대!

훈육으로서 매가 필요하다고 생각했다. 어느 정도까지는 허용해 주지만 내가 정한 임의의 선을 넘어가면 단호히 대응해야 한다고 생각했다. 아이들이 어렸을 때일수록 더 많이 때렸다. 어릴 때부터 단단히 버릇을 잡아야 한다고 생각했기 때문이다. 기선을 제압해 엄마인 내 머리꼭대기에 기어오르지 않도록 말이다. 대체로 자상하고 이해심 많은 엄마였지만 체벌할 때는 자식을 올바르고 반듯하게 키우고 있다는 양육자로서의 사명감에 사로잡혔다. 그래서 체벌하는 그 순간에는 전혀 주저함이 없었다.

그런데 아직도 나는 두 딸의 표정이 기억난다. 제발 엄마가 자신들을 용서해서 회초리를 맞지 않기를 애원하던 눈동자를. 온몸을 움찔움찔하면서 고통을 참아 내던 그 표정과 몸짓을. 16년이 지나도 아직까지 그 아픔을 기억하고 있다는 큰딸의 말에 가슴이 철렁 내려앉았다. 아이 둘을 키우는 고단함에 마음의 여유가 없었다고 변명해 보고 싶지만 두 딸은 나의 처분을 기다릴 수밖에 없는 절대적 약자였다. 힘 있는 내가 때리느냐 마느냐를 결정할 수 있었다. 내 기분이나 감정에 따라 체벌의 여부나 강도도 달라졌다.

얼마나 아팠을까? 얼마나 무서웠을까? 얼마나 미웠을까? 그때의 매질은 가르침도 교육도 아닌 분풀이에 불과했다. 화가 나서 아이들을 때리긴 했지만 벌겋게 부은 손바닥을 다리 사이에 끼우고 울고 있는 아이들을 보면서 미안함과 나에 대한 환멸을 느꼈다.

남편이 그의 말을 듣지 않았다고 나를 때린다면 그것은 분명한 가정폭력이다. 그런데 부모인 내가 자녀를 때리는 것은 훈육이라고 생각했다. 자식은 맞아도 되는 존재라고 규정하고 있었던 것이다. '맞아도 되는 사람'이라니! 이 얼마나 부당하고 슬픈 일인가? 나는 아이들에게 '힘없는 친구를 때리면 안 된다'고, '폭력은 나쁜 것'이라고 수도 없이 말해 왔다. 그런데 정작 부모인 나는 '사랑의 매'라는 이름으로 권력관계에 의한 폭력의 정당성을 가정에서부터 학습하고 내면화하게끔 했다.

어린이책시민연대에서 어린이책을 읽고 성찰하면서 체벌이 폭력이라는 것을 점차 알게 되었다. 십여 년 전 경남에서 학생인권조례 제정 운동을 하면서부터 자식들에게 더 이상 체벌을 하지 않겠다고 약속하고 그간 내가 했던 잘못들에 대해 사과를 했다. 그렇지만 이날 있었던 일에 대해서만은 말할 수가 없었다. 내 자신이 너무 싫고 부끄러워서.

자식을 키우는 일은 사람과 사람이 만나는 일이다. 그래서 조심스럽고 어렵다. 나의 소유물이 아닌 독립된 한 존재로서 자식과 함께 살아간다는 것이 쉽지만은 않다. 체벌을 그만두고부터는 더디고 어렵기는 하지만 자식의 입장에 서서 생각하려고 노력하고 있다. 또한 자식이 한 행동에 대해, 그 이유를 내가 먼저 미루어 짐작하거나 결론 내지 않으려 한다. 그들의 말을 되도록 중간에 자르지 않고 끝까지 들으려고 노력한다. 잘못한 행동에 대해 돌아보고 성찰하는 힘이 그들 안에도 있으니 너무 안달하지 말고 믿으라고 나 자신에게 말한다. 물론 쉬운 일은 아니다. 잔소리를 할 때도, 언성을 높일 때도 있지만 조심하고 고민하고 기다리려고 노력하고 있다.

이제 이 사실만은 분명히 안다. 부모라는 이유로 자식을 때려서는 안 된다. 맞아도 되는 잘못은 없다. 맞아도 되는 사람은 없다. '사랑의 매'는 없다. 어떤 이유로도 때리는 것은 폭력이고 학대이다.

글쓴이 이정화

어린이책을 읽으며 어린이와 함께
잘 살아갈 수 있는 세상을 꿈꾸는 부모이자
어린이책문화활동가입니다.

우리는 집에서 자유롭게 말하고 싶다

이상한숲의 엄마 모내기의 체벌 거부 선언

남편과는 14년 전 전북 부안 핵 폐기장 반대 싸움을 하다 만나서 결혼하게 되었다. 남편은 농민운동을, 나는 노동운동을 하고 있었고 결혼이 우리 삶에 어떤 변화를 줄지 그때는 전혀 예상하지 못했다. 내 꿈은 원래 애 낳고도 열심히 활동하는 활동가였는데 임신했을 때 유산기가 있어 활동을 중단했다.

첫아이 출산 후 둘째를 연년생으로 낳고 농사일을 거들고 농민회 활동을 했지만 우리는 농촌에서 채 3년을 버티지 못했다. 농촌은 땅도 없고 기계도 없는 소작농인 우리가 살아남을 수 없는 구조였다. 남편을 설득해서 전주로 나왔고 남편은 그렇게 건설노동자가 되었다. 혼자 살다 갑자기 생계 부양자가 되고 연년생 아들들의 엄마가 되어 버린 무게 때문이었을까? 도시로 이사 온 뒤 남편과 나는 무지하게 싸웠다.

그렇게 싸우는 와중에 셋째가 생겼다. 아직 어린 아이 둘을 돌보기도 벅찬데 배는 점점 불러 오고 남편은 일하느라 힘들어서인지 짜증이 늘었다. 퇴근하고 돌아오면 집이 엉망이라고 종일 집에서 놀면서 뭐 하냐고 짜증을 냈고 아침밥을 제대로 안 차려 준다고 음식이 맛없다고 화를 냈다. 말이 통하는 어른이라고는 남편밖에 없는데 그가 자꾸 화를 내니 나는 맘 붙일 곳이 없었다.

아이들과 나만 있는 시간 나는 그 화를 제일 만만한 큰아이에게 풀었다. 동생을 괴롭힌다고 음식을 흘린다고 목욕탕에서 비누 갖고 장난쳐서 바닥을 미끄럽게 만들었다고 "엄마 힘들어 죽겠는데 너 정말 왜 그래?" 하며 아이를 때렸다. 아이를 때리면서도 이것이 아이의 문제 때문이 아니라 내가 피곤해서 그런다는 걸 알았지만 멈출 수가 없었다. 누가 들을까 봐 창문도 닫고 문도 닫고 애를 때렸다. 어릴 적 고집 세다고 나를 때린 아버지를 마음속으로 그토록 미워했지만 나도 그와 똑같은 사람이 되어 있었다.

"니가 맞을 짓을 하니까 내가 때리지!"

그런 나 자신이 죽이고 싶을 정도로 싫어서 자책하고 다시는 아이를 때리지 않겠다고 다짐했지만 몸이 피곤하고 지칠 때면 매번 똑같은 패턴이 반복되었다. 또래의 엄마들이 모여 있는 육아 카페에서 나와 비슷한 문제로 고민하는 엄마들끼리 내적 불행*을 치유한다고 집단 상담도 해 봤지만 해결되지 않았다.

스트레스 때문이었을까? 임신 6개월 때 심한 가려움증으로 온몸에 두드러기가 올라왔고 잠을 잘 수조차 없었다. 이러다가 나와 뱃속 아이, 큰아이, 작은아이 모두가 죽을 것만 같아서 친구에게 전화를 했고 친구는 사람들을 만날 것을 권유했다. 그렇게 아이들을 키우는 동안 종교 활동을 했다. 그곳에서 나는 다른 사람의 말이 아닌 나의 이야기를 나누었다. 내 이야기를 판단하지 않고 들어 주는 사람들이 있다는 건 살아가는 데 엄청난 힘이 된다는 걸 그때 알았다.

그런데 종교 활동만으로는 마음이 충족되지 않았다. 종교에서 말하는 참회가 내 상식으로는 이해되지 않았다. 피해자는 난데 내가 왜 참회를 해야 하는지 너무 억울해서 눈물이 다 났다. 모순이라고 생각했지만 내가 살려고, 나를 때리고 억압했던 아버지께 100일 동안 300배 참회의 절을 했다. 그때 내가 아이들과 죽지 않고 살 수 있었던 힘은 내 얘기를 묵묵히 들어 준 사람들(불교에서는 보살이라고 부르는 평범한 여성들)과 이런 엄마도 엄마라고 늘 내 옆에서 함께 울고 웃던 아이들 덕분이다.

이 글을 쓰는 지금도 감정이 올라온다. 그때 참 힘들었구나. 지금은 좀 나아졌지만 완전히 해결되지는 않았다. 아이들은 자랐지만 이제는 내가 아닌 남편의 폭력적인 행동을 제지해야 한다.

* 자신이 원하는 삶을 살지 못하도록 방해하고, 결심한 것을 끝까지 밀고 나가지 못하게 만드는 내면의 힘. 마사 하이네만 피퍼·윌리엄 피퍼, 김미정 옮김(2008), 《내적 불행-행복한 부모가 되기 위한 마음의 치유》, 푸른육아.

"설마 지 새끼 죽이기야 하겠냐? 남편이
애들 혼낼 때는 끼어들지 말고 못 본 척해."

이렇게 말하는 주변인들의 말에 반박할 힘도 생겼다. 폭력적인 말과 행동으로 아이들에게 위협을 가하는 남편에게 말한다.

"그거 폭력이야. 신체적 폭력뿐만 아니라
언어적 폭력도 폭력이야. 모두 다."

물론 나도 아직 비폭력 대화가 완전히 체득되지 않아 성질을 내거나 나쁜 말이 튀어나올 때도 많다. 하지만 다른 점은 무엇이 부끄러운지 이제는 안다는 것이다. 감추지 않고 나의 부끄러움을 드러내고 남편의 폭력적 행동에도 인간 대 인간으로 마주 보고 얘기하고 싶다. 아이들에게 부끄럽지 않은 사람으로 살고 싶기 때문이다.

아이들이 자기 의사를 표현할 때 그는 말한다.

"어디서 눈 똑바로 뜨고 말대꾸해, 조용히 안 해?
또 나불나불거린다."

그에게 나는 말한다.

"아이들이 자기 생각을 집에서도 자유롭게 표현하지 못하면 다른 어느 곳에 가서 얘기할 수 있을까?"

"자~알 가르친다. 니가 그러니까 애들 버릇이 나빠져. 너 혼자 다 키워라."

"……"

아마 이 싸움은 애들이 다 커서 성인이 되어도 멈추지 않을지 모른다. 그래도 나는 말할 것이다. 그리고 폭력에 단호히 대응할 것이다. 가정이든 학교든 일터든 어느 곳에서 일어나든 모든 종류의 폭력에 반대한다. 그리고 폭력을 당장 멈추라고 소리치는 데 함께할 것이다.

나 모내기는 체벌을 거부한다. 훈육이라는 명목으로 가해지는 모든 폭력적인 행동 ― 때리기, 물건 던지기, 윽박지르기 ― 을 나 자신이 하지 않음은 물론 내가 속해 있는 모든 곳에서 발생할 경우 적극적으로 막아 낼 것이다.

모내기의 아들 이상한숲의 체벌 거부 선언

옛날에 동생이 형이랑 저에게 장난을 쳤는데 처음에는 '그냥 그런가 보다' 하고 생각했습니다.

근데 계속해서 형이랑 제가 화나서 그만하라고 했습니다. 근데 또 하는 것입니다. 그래서 똑같이 해 주었습니다. 그랬더니 동생이 아버지께 가서 이르는 것입니다. 그래서 혼나면서 맞았습니다.(아프게) 근데 동생이 문 뒤에서 웃고 있었습니다. 그래서 동생에게 복수를 하고 싶었는데 결국 성공하지 못했습니다. 이유는 그냥 제가 봐줬기 때문입니다. 그때 아버지의 표정이 생생하게 기억납니다.(그 무서운 표정)

아버지는 아직도 폭력을 씁니다.(요즘은 안 때림) 이젠 동생까지도 혼냅니다.(근데 그냥 혼내기만) 아버지께서 술을 드시고 들어와서 저희를 때리려고 하시면 저는 때리지 말라고 합니다. 그러면 아버지는 저에게 "나불거린다"라고 하십니다. 엄마가 들어오셔서 그렇게 말하지 말라고 하십니다. 그래서 요즘 아버지는 그런 말을 쓰지 않습니다.

그리고 엄마는 체벌 거부 선언자여서 우리를 때리지 않습니다. 앞으로는 체벌이 없어졌으면 좋겠습니다.

체벌 거부!! 나 이상한숲은 체벌을 거부합니다. 가정(집)에서 자신의 의견을 자유롭게 표현할 수 있었으면 좋겠습니다.

글쓴이 모내기 / 이상한숲

모내기
결혼 13년 차. 아이 셋. 집과 일터
그리고 내 안의 가부장과 싸우고 있는
40대 여성입니다.

이상한숲
저는 학교생활 5년 차 10대입니다.

동생과 함께
아빠에게 맞서 싸웠을 때부터
맞지 않게 되었다

현관문을 열 때마다 아빠가 집에 있을까 봐 두려웠습니다. 누군가 문을 열고 들어올 때도 마찬가지로요. 집에 아빠가 있다면 꽉 막힌 분위기 속에서 지금 아빠의 기분이 어떤지, 내가 어떤 답을 해야 아빠의 심기를 거스르지 않을지, 내가 지금 거실에 나와 있어도 될지 아빠의 눈치를 봐야 했고, 그런 나날들이 너무 답답했습니다. 아빠는 자신이 기분 좋을 때는 저와 동생의 기분이 어떻든 일방적으로 호의를 보이다가 반응이 좋지 않으면 곧바로 화를 내며 집 안의 분위기를 얼어붙게 만들었습니다.

체벌 거부 선언으로 어떤 내용을 써야 하나 생각해 보았습니다. 제일 아프고 치욕스럽게 맞았던 기억, 밥을 먹을 때마다 '몸매 관리를 하지 않을 거냐'며 타박해서 눈치를 봐야 했던 기억, 죽을지도 모르겠다는 생각에 동생들과 이모 집으로 가출한 기억. 아주 많은 기억이 떠올랐습니다. 하지만 내가 저지른 가해들은 생각이 잘 나지도 않았고 인정하기에도 오랜 시간이 걸렸습니다. 저는 단 한 번도 체벌을 당하며 긍정적으로 생각한 적이 없습니다. 나 자신이 체벌로 인해 변화할 거라는 생각도 하지 않았습니다. 그저 폭력을 두려워할 뿐이었습니다. 하지만 체벌을 이렇게 두려워했던 저도 동생들에 대한 아빠의 체벌은 방관했습니다. '나는 잘하고 동생은 잘못해서' 동생이 맞는 일이 생기면 아빠가 동생을 때려 주는 것에 통쾌해했습니다. 이번에는 아빠가 판단하기에 '동생이 잘하고 내가 잘못한' 것이 아니라서 나는 맞지 않는다는 사실에 안심했습니다. 동생이 맞느냐, 내가 맞느냐는 오직 아빠의 판단에 달려 있으니까요. 맞지 않아도 된다는 사실에 안심하느라, 제가 동생보다 나이가 많아서 동생이 맞는 횟수가 많았던 것은 깨닫지 못했습니다. 동생이 나보다 혼이 많이 나는 이유는 동생이 나보다 잘못했기 때문이라고 생각했습니다. 동생이 아빠에게 잘못했다고 비는 순간에도 아빠한테 잘못 걸려 같이 맞게 될까 봐 아무런 도움도 주지 않았습니다. 나는 여태껏 체벌에 대한 방관자였습니다.

처음으로 동생이 맞는 것을 방관하지 않고 동생과 함께 아빠에게 맞서 싸운 적이 있었습니다. 그 후로 여러 번의 싸움과 시도 끝에 동생들과 나는 맞지 않게 되었습니다. 어떻게 싸웠는지 구체적으로 쓰고 싶어 곰곰 생각해 보았지만 잘 떠오르지 않았습니다. '폭력에 맞서야지'라는 판단으로 싸운 것이 아니라, 갑작스레 상황이 닥쳤을 때 화가 치밀어서 마구 욕하고 소리 지르며 싸워서 그런가 봅니다.

폭력에 대해 같이 싸우는 사람이 한 명이라도 있을 때 우리는 폭력으로부터 벗어날 수 있습니다. 같은 폭력의 피해자이기에 정말 어려운 일이지만요. 부끄러운 일이지만 저는 요즘도 신체적 폭력이 아닌 언어폭력에는 맞서지 못하고 이불 속으로 숨거나 집에서 혼자 빠져나옵니다. 나를 더 성찰하고 주변을 둘러보고 싶습니다. 체벌은 폭력입니다. 맞아야 하는 사람은 없습니다.

글쓴이 지혜

경남학생인권조례 제정을 위한 단체
조례만드는청소년에서 활동하고 있다.

"엄마! 왜 여기서 매를 팔아요?"

"엄마! 왜 여기서 매를 팔아요?"

국립공원 입구 기념품 가게에 전시된 나무로 만든 긴 구두 주걱을 발견한 아이가 물었다. 집에서 구두 주걱을 매로 사용했기에 아이는 구두 주걱의 용도가 매라고 생각했고, 매를 팔고 있다는 사실이 이상했던 모양이다. 그 질문을 듣고도 부끄러운 줄을 몰랐다. 아이를 매로 야단치는 일이 아동학대라는 생각을 아예 못 했다. 함부로 때리면 안 된다고 생각했을 뿐, 훈육의 절차대로 잘잘못을 따져 말하고 때리는 것은 잘못을 바로잡기 위한 하나의 방편이라고 생각했다. 아이를 때린 날은 마음이 불편했지만, 불편한 이유에 대해 깊이 생각해 보지는 않았다.

처음 아이에게 매를 들었던 날, 아이가 엄마가 자기를 때렸다고 동네방네 얘기를 할 때는 내심 억울한 마음도 들었다. 다른 부모들은 훨씬 더 많이 때리고 난 그나마 덜 폭력적이라고 생각했던 거다. 나중에야 엄마가 나를 때릴 수 있다는 반전이 아이에게 얼마나 큰 충격인지를 깨달았다. 처음 매를 맞는 순간의 공포를 알게 되었다. 한번 맞은 이후에는 저 매로 또다시 나를 때릴 수 있다는 위협이 맞지 않더라도 맞는 만큼의 공포를 느끼게 했다는 걸.

나는 어린이책시민연대에서 10년 넘게 활동하고 있다. 이 활동은 나와 아이에게 큰 선물이다. 부모들이 매주 모여서 어린이책을 읽고 이야기를 나누는 것이 기본 활동인데, 책 이야기를 하다 보면 아이들 이야기뿐 아니라 온갖 세상 이야기를 다 나누게 된다. 이 모임에서 아이를 한 번도 때리지 않았고, 자신도 맞지 않고 컸다는 어느 회원의 이야기를 들은 것은 우연이었다. 이 우연을 좀 더 일찍 경험했더라면 좋았겠지만 그때라도 들을 수 있어서 그나마 다행이었다. 이후 학생인권조례운동을 하고 방정환 시대의 어린이해방운동에 대해 공부하면서 인권 감수성이 생겼고, 아이를 체벌한 일에 대해 아이에게 용서를 구하게 되었다.

지금 딸은 가끔씩 "엄마! 매로 때리는 것만이 폭력이 아니라, 혀로 때리는 것도 폭력이에요!"라며 나를 나무란다. "너도 혀로 엄마를 때리거든!"이라고 맞받아치기도 하고 "그래, 네가 얘기해 줘야 엄마가 알아. 미안해. 그리고 얘기해 줘서 고마워!"라고 답하기도 한다.

많은 사람들이 체벌이 학대인 줄 모르기도 한다. 때리는 것을 폭력이 아니라고 생각하다니 돌이켜 보면 이상하지만 때리고 맞는 것을 관행적으로 경험하면 이를 당연하게 받아들이기도 한다. 나도 그랬다. 하지만 몰랐다고 학대가 아닌 건 아니다. 나쁜 의도가 없었다고 잘못이 아니라고 할 수도 없다. 아는 순간 멈추고 잘못에 대해 사과하는 용기를 가지는 것, 이것이 내가 할 수 있는 최선이었다.

법으로도 체벌은 금지되어 있다. 정부는 〈아동복지법〉에 명시된 체벌 금지 조항에 대해 시민들에게 홍보할 의무를 다하길 바란다. 체벌 거부 선언이 운동으로 번져, 몰랐다는 후회와 변명을 반복하는 사람이 줄어들기를 바란다.

글쓴이 변춘희

어린이책시민연대 활동가.

체벌이 나에게 남긴 것, '체벌하기'

초등학교 저학년 시절, 무슨 잘못을 하면 아빠는 나와 언니를 방으로 불러 문을 잠그고 장롱 뒤 매를 꺼냈다. 그리고 언니와 나는 두 손 싹싹 빌면서 다신 안 그러겠다고 말하고 손바닥이나 종아리를 맞았다. 그런 날 밤이면 아빠는 나와 언니의 방으로 와 미안하다고 우리를 토닥였다. 체벌 과정은 매번 이렇게 간단했다. 그 잘못에 관한 언급이 다시 이뤄지지 않아 짧고 깔끔했으며 그런 측면에선 '교화'에 효과적인 거 같기도 했다.

언니가 중학교에 입학할 시기부터 부모님은 우리에게 더 이상 체벌을 하지 않았다. 하지만 그 기억들이 오늘날 우리 가족의 식사 자리에 심심찮게 등장하곤 한다. 부모님은 이렇게 말한다. "언니가 중학교 입학해서 체벌을 그만뒀으니까, 너는 언니보다 3년이나 매를 덜 맞은 거야." 마치 언니에게 고마워하라는 투였다.

체벌을 당했던 기억을 쓰자, 잊고 싶었던 기억이 떠올랐다.

바로 내가 체벌을 '했던' 기억이다. 초등학교 저학년 시절, 두 명의 친구와 함께 우리 집에서 놀고 있었다. 한 친구와 내가 얘기를 하자, 다른 친구가 게임을 하자며 방해했고 나는 얘기를 방해한 친구를 가만히 앉혀 놓고 잔소리를 시작했다. 매만 없었을 뿐 아빠가 나와 언니에게 저질렀던 체벌과 다를 게 없었다. 나는 아빠의 권력을 무서워함과 동시에 동경하고 있었던 것이다.

내가 중학생일 때, 강아지 조아와 함께 살기 시작했다. 말이 통하지 않는 존재와 함께 생활한다는 건 예상보다 훨씬 어려웠다. 내 뜻대로 따라 주지 않는 조아에게 "스읍" 소리를 내며 겁주는 일이나 손가락으로 콧등을 치는 일도 다반사였다.

아주 오랜 시간 동안 '체벌하는 법'을 배웠고, 실행에 옮겼다. 친구 관계, 비인간 동물과의 관계, 심지어 나 자신과의 관계에서도 폭력적으로 문제를 해결하려고 하는 자신을 발견하면, 부모님과 참 많이 닮았다는 생각을 한다.

내가 저질렀던 체벌을 잊지 않고 반성할 것을 다짐한다. 생활 속에서 다양한 모습을 하고 있는 체벌과 폭력을 알아차리도록 노력할 것이며, 방관하지 않을 것이다. 그 누구에게도 체벌과 폭력을 가르치고 싶지 않다.

글쓴이 귀홍

경남 청소년인권운동 활동가. 동물권에 관심이 많은 비건 지향인이다.

매는 맞은 사람, 때린 사람 모두에게 씻을 수 없는 상처로 남는다

초등학교 고학년이 될 즈음의 어느 일요일 아침 아버지가 봉투를 옆집 아저씨한테 가져다주라고 하셨다. 아저씨가 사는 방문을 두드렸다. 대답이 없었다. 분명 소리가 안에서 들리는 것으로 봐서는 사람은 있는데 못 듣는 것 같아서 몇 번을 두드렸다. 그래도 대답이 없어 문고리를 돌렸다. 문이 열렸고, 아저씨에게 봉투를 드리고 나왔다. 저녁에 아버지가 들어오시더니 나를 불렀다. 손바닥을 대란다. 영문도 모르고 '뭘 잘못했지' 생각하면서 쭈뼛거리고 앞에 섰다. 남의 집에 들어가면서 노크도 안 하고 문을 확 열었냐면서 손바닥을 때렸다. 너무나 억울했다. 하지만 아버지는 내게 말할 기회를 주지 않았다.

학교에서도 때리는 선생님들이 다수였다. 뭔가 잘못됐고 부당하다고 느꼈지만, 잘못했으면 정당한 벌을 받아야 이 사회에서 사람 노릇을 할 수 있다는 것을 내면화하게 됐다. 그렇게 '사랑의 매'는 존재한다고 믿으면서 성장했다.

결혼을 하고 딸 둘을 낳고 아이들이 어느 정도 말귀를 알아들을 무렵, 엄마로서 우아한 '사랑의 매'를 들었다. 관에서 실시한 부모 교육에서 '사랑의 매는 바로 찾을 수 없는 곳에 두고 그 매를 가지러 가는 동안 감정이 누그러졌을 때 들어야 이성적으로 대처할 수 있다'고 배웠고 그 말대로 했다.

두 딸은 잘 놀다가도 장난감 때문에 다툼으로 자주 이어졌다. 그러면 나는 공정하게 혼내는 엄마가 되기 위해 둘 모두에게 똑같이 손바닥을 때리기도 하고, 팔을 들게 하는 벌을 주기도 했다. 반성할 때까지 손을 들고 있다가 뭘 반성했는지 깨달으면 나에게 와서 반성 내용과 앞으로 어떻게 할지 얘기하라고 했다. 매를 들게 되면 감정을 조절해서 되도록 이성적으로 때리려고 '노~오력'이란 걸 했다. 스스로 몇 대 맞으면 될지 아이에게 물어보고 때리며 아주 현명한 엄마라고 자임했다.

큰아이가 중학교 2학년 때 왕따 문제로 한 달 정도 학교에 못 가고 있었다. 아빠가 아이를 달래기도 하고, 담임 선생님이 오셔서 상담도 했지만 아이는 입을 꾹 담은 채 고개만 저었다. 어느 날, 밖에 나갔다가 들어왔는데 자기 방에서 나오지 않고 침대와 한 몸이던 아이가 거실에서 TV를 보고 있었다. '마음이 풀렸나' 하는 기대로 아이에게 언제부터 학교에 갈 거냐고 물었다. 아이는 TV에서 눈을 떼지 않고 고개만 저었다. 화가 머리끝까지 났다.

TV를 껐다. 제발 산책이라도 하고 오라고 했다. 아이가 대꾸도 안 하고 자기 방으로 가는데, 나도 모르게 등을 때리면서 소리를 질렀다. "나가라고!" 아이는 멈칫거리더니 바로 밖으로 나갔다. 아이는 한참이 지나도 집에 들어오지 않았다. 초가을인데 반팔을 입고 나간 아이가 걱정이 되어 밖으로 나가 시골 동네를 둘러봤는데 없다. 차로 동네를 두 바퀴 돌면서 이름을 불렀다. 세 바퀴째 도는데 저 멀리서 아이가 걸어왔다. 차에서 내려서 꼭 끌어안고 "미안해, 미안해" 하면서 울었다. 아이도 함께 울었다. 어디 있었냐고 하니 추워서 시골길과 집 사이 수로 같은 곳에 들어가 있다가 자기를 부르는 소리에 나왔단다.

그 아이가 지금은 20대 중반이다. 아직까지도 나는 그 일이 잊히지 않는다. 그날 일로 눈물은 절대 마르지 않음을 몸으로 깨닫고 있는 중이다. 그리고 후회하고 반성한다고 그 일이 없었던 일이 되지 않는다는 사실도 알게 됐다. 내가 저지른 잘못이니 내가 지고 가는 건 당연하다. 그런데 아이는 아니다. 사과를 했지만 아마도 아이에게 난 상처는 흉터로 남아 있을 것이다. 정말로 정말로 미안하다.

이제는 '사랑의 매'란 존재하지 않는다는 것을 안다. 아니, '매'의 존재 자체가 폭력이다. 맞은 사람, 때린 사람 모두에게 씻을 수 없는 상처와 아픔으로 남는다. 부디 이런 잘못들이 더 이상 대물림되지 않기를 바란다.

글쓴이 유내영

어린이책시민연대 당진지회에서
활동하는 회원.

대화할 마음만 있으면 세상에 해결 못 할 일이 없다

초등학교를 들어가면서부터 오빠에게 벌을 받거나 매를 맞았다. 오빠는 무엇을 잘못했는지와 이유를 물었고, 나도 알고서 벌을 받고 맞았기에 두렵고 아프면서도 그냥 그런 줄 알았다. 부모님은 농사일로 바쁘셔서 교육에 신경을 못 썼기 때문에 오빠가 당연히 그렇게 하는 것이라 생각했다. 오빠는 맞은 것을 부모님에게 이르면 더 혼을 낸다고 했기에 부모님께 말하지 못했다.

그땐 체벌이 두려웠지만 내가 잘되길 바라는 오빠의 마음도 이해가 되어 미운 마음보다 감사하다는 생각이 들었다. 그러나 이담에 어른이 되면 아이를 체벌하지 않고 사랑으로 기르고, 그들의 성장을 도와야겠다는 마음을 먹었다.

어느덧 결혼을 하고 아이를 낳았다. 첫째는 처음부터 끝까지 사랑으로 이야기하고 타이르고 설득하며 키웠다. 그런 나를 주위에서 보고 '정말 대단하다'고 말했다. 그런데 둘째가 태어나면서 문제가 일어나기 시작했다. 둘째를 돌보면서 첫째에게 차분히 타이르고 대화할 여유가 없어졌다. 특히나 위험한 순간에는 저절로 고함 소리를 내며 아이를 혼내게 되었다. 육아에 지친 나는 감정적으로 아이를 대하기 시작했다. 내 감정이 풀릴 때까지 혼을 내고 빈방에 가두기도 하고 때리기도 했다. 그러다 내 감정이 진정되고 아이가 잠든 모습을 보면 너무나 미안한 마음이 들었다. 다시는 그러지 않겠다고 다짐을 하며 가슴을 치며 울기도 했다. 그러나 화를 내면 낼수록 수위는 더 높아지고 횟수가 늘어나지 줄어들지 않음을 느꼈다. 아이를 혼내는 그 순간에는 이렇게 해야 아이가 말을 들을 것이라는 착각과 남자아이는 좀 강하게 키워야 한다는 생각을 했던 것 같다.

둘째에게 일곱 살 때 한글을 가르치면서 아이의 학습 능력은 고려하지 않고 '당연히 알아야 하는데 잘 따라오지 못한다'고 여겨 아이에게 많은 상처를 주었다. 지나고 생각하니 너무 어리석고 모자란 엄마다. 어느 날 둘째가 "엄마, 그때는 왜 그랬어? 왜 날 때렸어?" 하고 물을 때 너무 미안하고 가슴이 아팠다. 미안하다고 사과를 정말 많이 했다.

셋째가 유치원에 다니기 시작한 후 부모 교육을 받으면서 내가 얼마나 어리석게 아이를 대하고 있는지 뼈저리게 알게 되었다. 체벌을 받으며 '나는 그러지 말아야지' 했는데 나도 모르는 사이 답습하고 내 아이에게 고스란히 행하고 있음을 알게 되었다. 그래서 결심했다. 이 악습은 내가 끊어야 한다고!

대화하고 존중하는 마음으로 아이를 대하며 나의 습관을 바꾸기 위해 노력을 했다. 또한 주위의 엄마들과 모임을 가지며 가족을 사랑으로 대하는 구체적인 행동을 실천 사항으로 정해 행동한 후 서로 격려하고 상을 주는 활동을 시작했다. 물론 한 번에 모든 것이 다 고쳐지지는 않았지만 지속적인 부모 교육을 받으면서 나 자신도 변화되고 체벌의 횟수도 점점 줄어들면서 어느 순간부터는 매를 들어야겠다는 생각 자체가 들지 않았다.

내가 아이를 대할 때 가장 중요하게 생각하는 단어는 '사랑'이다. 더 구체적으로 표현하면 '대화'와 '존중'이다. 아이를 존중하기 시작하면서 아이를 한 인격체로 보고 대화를 하니 화를 내거나 때리거나 무시하거나 할 일이 없어졌다. 아이가 무언가를 잘못했을 때라도 아이의 이야기를 들어 보게 되고, 그 입장에 대해 공감하며 함께 문제를 해결할 방안을 찾아보고 격려하는 말을 하고 있는 나를 발견하게 되었다. 가족 간에 문제가 발생할 경우에도 서로 존중하면서 이야기하면 문제 해결이 훨씬 부드럽고 긍정적인 방향으로 향하게 되었다. '대화할 마음만 있으면 세상에 해결 못 할 일이 없다.' 이 생각을 마음에 품고 늘 아이의 이야기에 귀 기울여야겠다.

글쓴이 송미선

초·중·고 3명의 남자아이를 키우는 주부이며 미술치료사로 활동하고 있습니다.

딸은 엄마 손목에서 짤랑거리던 팔찌 소리가 잊히지 않는다고 했다

내가 청소년이었을 때도 학교에서의 체벌은 일상적이었다. 나름 모범생이었던 나는 체벌이 당연하다고 생각했다. 숙제를 안 해 왔으면 혼나야지 하는 생각이었다. 어쩌다 한두 명 때문에 단체 기합이라도 받는 날이면 짜증이 났다. 잘못한 친구들 때문에 나까지 기합을 받는 것이 싫었다. 체벌을 가하는 선생님보다 선생님을 화나게 한 친구들에게 더 화가 났다. 그렇게 나는 체벌에 길들여졌다.

딸을 키우면서도 때려서라도 잘못된 것은 고쳐 줘야 한다고 생각했다. 내가 정해 놓은 틀에서 벗어나면 어떻게 해서라도 내 맘에 들게 바꿔야 했다. 감정에 치우쳐 매질하는 엄마는 아니라는 자기 합리화를 위해 몇 대 맞을지 딸에게 정하도록 요구하기도 했다. 지금 생각하면 잔인한 짓이지만 그때는 내 자식이니 내 맘대로 해도 된다고 생각했던 것 같다.

딸은 '엄마 손목에서 짤랑거리던 팔찌 소리'가 잊히지 않는다고 했다. 초등학교 저학년 때, 딸이 열심히 한 숙제를 맘에 안 든다고 모두 지워 버리고 다시 하라고 했던 기억이 난다. 그때 지우개를 들고 지우던, 엄마의 손목에 있던 팔찌가 내던 소리가 무서움으로 기억된다고 했다. 차마 미안하다는 말도 할 수 없었다.

지금 딸은 청소년인권운동 활동가이다. 책도 좀 많이 읽게 하고 토론, 논술 등에 도움을 받아 의식 있는 엘리트로 키울 욕심으로 보낸 인문학 강좌에서 딸은 자신이 처한 현실의 부조리를 먼저 읽어 냈고 그 현실을 거부하고 저항하는 길을 선택했다.

그런 딸 덕분에 내 삶에도 변화가 일어났다. 딸이 하는 활동에 관심을 갖게 되고 같이 활동하는 이들을 만나면서 내가 정답이라고 여겼던 것들에 대해 다시 생각해 보게 되었다. 그 과정에서 정말 많은 청소년들이 부모의 폭력으로 힘들어한다는 것도 알게 되었다. 부모는 무자비한 폭력을 행사하면서도 내 자식 내 맘대로 하는데 뭔 상관이냐는 식이었다. 부모의 한 사람으로서 창피하고 미안했다. 나 역시 자식을 부모의 소유물로 생각하고 내 맘대로 할 수 있다고 생각했던 과거가 부끄러웠다.

그러면서 깨달았다. '누구를 위'한 체벌은 없다는 것을. '맞을 짓'도 '맞아도 되는 사람'도 없다. 훈육의 이름으로 자행되는 모든 폭력을 거부한다.

글쓴이 이기자

옥상 텃밭에서 행복을 일구며 일상의 평화를 꿈꾸는 '도토리'입니다.

'너도 커서 때리게 될 거야'라는 말에 저항한다

어린이 시절에 체벌을 많이 받았다. 집에 어른이 있는데 언니와 싸웠다고 엄마에게 머리끄덩이를 잡혀 내동댕이쳐지고 밟혔던 기억이 난다. 청소년이 되고 나서는 비슷한 상황에서도 맞지는 않았다.

나이를 먹으면서 몸집이 제법 커져 나름대로 방어할 줄 아니까 신체적인 폭력이 줄었을 뿐, 말로 하는 폭력은 나를 더욱 괴롭게 했다. 말이 안 된다고 생각하면서도 세뇌되듯 그 말을 마음속으로 곱씹으며 스스로를 강하게 조롱했다. 부모와 교사는 그 말을 '사랑했기에 심하게 꾸짖은 것'이라 포장했다. 그 말들은 오랫동안 나를 괴롭히고 더 작고 나쁜 인간으로 만들었다.

다만 그들이 이젠 날 잘 때리지 않는다는 것에 묘한 안도감을, 그리고 정말 아이러니하게도 성장했다는 뿌듯함을 느꼈다. 맞을 것 같다고 직감한 상황에 맞지 않고 넘어갔을 때, 내가 많이 컸다는 생각이 강하게 들었다. 그들과 말이 통한다고 인정받았다는 그 뿌듯함. 그것은 체벌과 함께 크며 체벌을 당연하게 여기는 어른들의 논리를 학습한 상태에서 나온 것이었다.

나는 내 안에 학습되어 자리 잡힌 폭력을 인지한 이후부터, 내가 권력관계에서 위쪽에 서 있게 되었을 때 무의식적으로 체벌을 당연시하고 폭력을 저지를지도 모른다는 불안감을 갖게 되었다. 가정폭력은 대물림된다는 공익 광고 포스터를 보며, 그리고 어렸을 때 폭력을 당한 것을 무용담인 양 얘기하며 폭력을 저지르는 어른들을 보면서 나는 두려웠다. 물론 누구나 권력을 가진 상황에서 자신도 모르게 폭력을 저지르지 않도록 조심해야 한다. 하지만 피해자에게 '너는 피해를 받았으니 가해자가 될 가능성이 더 높다'고 말하는 것은 피해자를 더욱 폭력으로부터 자유롭지 못하게 한다고 본다. 그래서 나는 이 상처를 숨겨 두지 않으려 한다.

또 한 가지, 체벌은 성별 갈등을 심화시키기도 한다. 내 경험에 비추어 봤을 때 여성 청소년과 남성 청소년이 겪는 체벌은 크게 다르지 않다. 그러나 여성과 남성이 한 공간에서 체벌을 받는 경우엔 조금 달라진다. 특히 신체적으로 가해지는 체벌에서 그 모습이 더 부각된다. 남성 교사들이 "여자들은 이제 그만해", "여학생들은 빠지고 남학생들 나와"라고 말하는 순간에 말이다.

그러면 남학생들은 체벌이 끝나고 체벌을 가한 사람에게 화를 내기보다도 여학생들에게 "너희는 얼마 안 맞았잖아"라고 했다. 체벌이 과연 정당하냐는 논점은 사라지고, 체벌은 어느새 당연시된 채 누구는 책임을 더 지고 누구는 덜 지는 상황으로 인식

되는 것이다. 한편 일부 남학생들은 '여자들은 약하니까 남자가 더 강한 체벌을 받는 것이 맞다'라고 생각한다. 이런 생각은 나중에 그들이 권력을 갖게 되었을 때 "네가 남자였으면 죽었어", "여자라서 봐준다"라는 식으로 표출되기도 한다. 그들은 같은 맥락에서 반대로 "난 평등하게 여자도 때릴 거야"라는 말을 교실에서 농담처럼 던지기도 한다.

나는 두렵다. 학교나 집에서 내가 가진 권력은 크지 않으므로 언제든 폭력에 노출되어 있기 때문이다. 어린아이들이 너무 시끄럽다는 지인의 말에 아빠가 "그런 애들은 죽도록 맞아야 정신 차리지"라고 말했을 때, "여자여도 맞아야지"라는 남자인 친구의 말에, 그 친구가 장난으로 때릴 듯이 손을 들었을 때 나는 움츠러들었다.

또 한 번 두렵다. 나도 가해자가 될까 봐. 내 권력을 늘 성찰하고 나보다 약한 사람을 대할 때 조심해야 할 것이다. 그러기 위해서 우리는 폭력으로부터 자유로워져야 한다. 지금까지 나를 괴롭히는 그 상처들에 선언한다. 체벌은 교육이 아니다. 잘못해서 받은 벌이 아닌 그저 '폭력'이다. 우리는 앞으로 그것을 절대로 수용해선 안 된다.

글쓴이 오월

어른들의 말처럼 '뜬구름'을 잡는 열여덟, 학교 밖 여성 청소년입니다.

동생은 왜 다른 오빠들처럼 자신을 때리지 않느냐고 물었다

교사가 되기 위한 공부를 하고 있지만 학교에 좋은 기억은 별로 없다. 학교 하면 가장 먼저 떠오르는 기억이 초등학교 3학년 때 당했던 체벌이다. 다른 학생들이 복도에서 시끄럽게 뛰어다닐 때 갑자기 담임 선생님이 내 귀를 잡고 교무실로 끌고 갔던 적이 있다. 귀가 찢어질 듯이 아팠지만 너무 당황스러워서 뭐라 말도 못 한 채 그대로 교무실 앞까지 끌려갔었다. 교무실 앞에서 귀가 놓이고서야 억울함을 겨우 뱉어 냈지만 교사는 미안하다는 말도 없이 그냥 가 보라고 했었다.

선생님들은 그게 폭력이라는 걸 몰랐을까? 체벌이 금지되었음에도 마치 신념이라는 듯이 사랑의 매를 자랑스러워하던 그들의 교육학은 학생들은 때려야 말을 잘 듣는다는 내용이었을까? 우리들은 말을 잘 듣거나 아니면 맞거나 하면서 살았다. 채찍으로 몰이를 당하는 가축 무리 같았다. 이런 게 교육인지 의문이 들었다. 대체 교육대와 사범대에서는 뭘 배우는 건지 궁금했다. 그래서 교육학을 배우고 교사가 되어 다른 교육을 실천하기로 마음먹었다.

하지만 폭력은 내게도 내면화되어 있었다. 여섯 살 어린 동생이 있다. 종종 장을 보러 동네 마트에 갈 때 동생은 딸기를 사달라고 조르는데 어느 날은 내가 기분이 좋지 않았다. 그래서 동생의 머리를 세게 때렸다. 동생은 눈시울이 붉어진 채 나를 노려보며 조용히 입을 다물었다. 그리고 집에 와서 엄마에게 가 울었다. 그제서야 내가 무슨 짓을 한 건지 깨달았다. 그건 동생을 겁먹게 하기 위한 폭력이었고, 나보다 약한 사람에게만 할 수 있는 학대였다. 하지만 나도 그 선생님처럼, 곧바로 사과하지 못했다.

겁이 났다. 나도 만만한 사람 앞에서라면 가해자가 되는 사람이고, 이대로라면 내게 상처를 준 교사들과 다를 바가 없는 교사가 될 터였다. 시간이 지나서야 동생에게 사과하였고 더 이상 그런 사람이 되지 않기 위해 노력했다. 그랬더니 동생은 왜 다른 오빠들처럼 자신을 때리지 않느냐고 물었다. 자신이 맞는 것이 당연하다는 투였다. 어린이·청소년에게 폭력은 일상이었다. 그렇기에 교사는 일상이 된 폭력이 정당하지 않다고 믿고, 학생들에게 알려야 한다. 나는 교육이라는 이름의 폭력을 반대하는 교사가 되겠다.

글쓴이 이루

예비 교사.

아이는
스스로 자란다

항상 마음에 새기고 잘 보이는 곳에 적어 두며 자주 읽는 〈엄마의 20년〉이라는 시가 있다. 이 시가 나에게 주는 메시지는 결국 육아란 아이와 나를 잘 독립시키고 나의 인생을 살아가는 긴 과제라는 것이다. 시기에 맞춰 나의 역할도 마음가짐도 달라진다. 서로를 잘 독립시키기 위해 해야 할 일이 무엇일까 고민한다.

지금은 20년 중 1/3을 지나는 시기에 있다. 그동안 참 많이 웃었고, 참 많이 울었다. 밤낮없이 보채는 아이를 달래는 일은 오로지 나의 몫이었고, 정답을 모르니 우왕좌왕하며 책에 매달리며 아이를 돌봐 왔다. 좋은 엄마라는 기준에 도달하려고 부단히도 노력했다. 20년의 1/3의 시간 동안 감정을 다스리는 부분이 제일 어려웠다. 무조건 받아 주고 사랑을 주어야 한다는데 아이를 이해할 수 없는 상황이 반복되면서 너무 화가 나고 힘들었다. 그러는 사이 아이를 때리기도 했다.

아이에게 체벌하지 않겠다는 결심이 없었던 것은 아니다. 사랑하는 아이를 때리며 키우고 싶지 않았다. 하지만 뜻대로 안 되는 상황 속에서 더 큰 결심이 필요했다. 여러 사람들 앞에서 체벌 거부 선언을 하고, 또 1/3의 시간이 지나면서 아이와의 관계는 예전보다 너무나 편안해졌다.

1/3의 시간을 빠져나오는 과정 동안 내가 노력했던 부분을 나누어 보고 싶다.

'체벌하고 싶은 순간은 언제였나?'

생각해 보면 아이에게 화를 내던 원인은 아이가 아닌 나에게 있었다. 체벌하고 싶은 이유는 언제나 아이를 '통제'하고 싶은 마음에 있었다. '얼마나 아이를 잘 관리하나' 평가하는 남들의 시선, 사회가 요구하거나 내가 원하는 '좋은 엄마'라는 기준이 맞물려 너무나 간절히 통제가 하고 싶어지는 것 같다. 한 번 아이를 정말 심하게 때린 적이 있다. 놀이터에서 큰아이가 동생을 괴롭혀서 집으로 돌아와 큰아이를 때렸다. 아이가 한 행동보다는 다른 엄마들에게 비추어지는 내 모습이 신경 쓰여서 아이에게 화를 냈다. "너 때문에 내 체면이 안 섰다. 어떻게 거기에서 네 동생에게 그렇게 할 수가 있냐. 엄마가 뭐가 되냐." 남의 시선에 대한 걱정과 부끄러움으로 아이를 때린 것이다.

또 하나의 원인은 스트레스다. 누구 하나 육아를 도와주는 사람이 없어 쉬고 싶어도 쉬지 못했다. 둘째가 많이 칭얼대는 편인데, 남편이 "네가 자꾸 받아 주니까 더한다"고 말한다. 나는 고민하고 노력해서 체벌을 하지 않는 것인데, 아이를 "오냐오냐" 키운다고, "네가 잘못 키워서 그렇다"고 말하곤 한다. 내 육아의 첫 번째 감시자는 남편이다. 가장 가까이서 함께 책임져야 할 사람임에도 아이를 대하는 나의 모습을 감시하고 평가할 때 억울하다. 이렇듯 주변에서 육아의 책임을 엄마인 나에게 모두 돌리는 것이 스트레스가 되어 아이들에게 분노를 표현하게 될 때가 있었다.

'어떤 노력들을 하였나?'

어느 날은 곰곰이 생각해 보니 아이에게 때린 행동에 대해 사과했는지 기억이 나지 않았다. 놀고 있던 아이를 불러서 물어보니 아무렇지도 않게 "엄마는 화나면 때리잖아"라고 했다. 일상적으로 꿀밤 등을 때려 왔던 것이다. "미안하다. 엄마가 앞으로는 정말 안 때릴게"라고 했다. 남편과도 "우리 앞으로 절대 때리지 말자"라고 이야기했다. 이렇듯 지난날의 잘못을 하나하나 살펴보고 적고 깨닫고 뉘우치는 과정을 겪어 왔다.

둘째 아이가 어린이집을 다니게 되면서 내 시간이 생겼다. 그 시간에 집 안을 가꾸는 것이 아니라 나를 가꾸기로 했다. 절대 그 시간을 의미 없이 보낼 순 없었다. 육아서가 아닌 나를 돌보는 책을 보고, 좋아하는 취미를 찾고 운동을 했다. 그리고 아이를 이해하기 위해서 그림책 토론도 열심히 했다. 아이의 문제를 성장하는 과정으로 보고 기다려 주려 애썼다. 어린이를 시민으로, 독립된 인격체로 인지하기 위한 노력을 게을리하지 않았다. 나를 찾기 위해 애쓰고 아이를 이해하려 열심히 어린이책을 읽고 동료 엄마들과 '책 토론'을 하는 사이, 아이는 그런 나의 모습을 보고 자라고 있었다. 내 마음이 편해지니 아이들에게 체벌하고 싶어지는 일도, 소리 지르는 일도 아주 많이 줄었다. 내가 나답기 위해 노력하는 것. 그것이 나의 20년 육아의 숙제이자 화두이다.

〈엄마의 20년〉에서는 4~7세를 '엄마와 자식 사이의 황금기'라고 한다. 우리 아이들은 각각 7세와 9세. 지독하게 고집스럽던 유아기를 지나고 아직 사춘기를 조금은 멀리 앞두고 있는 나이다. 나는 이 날들을 마음껏 행복할 것이다. 아이들을 이해하려 더 열심히 책 토론을 하고, 청소년들의 이야기에도 귀 기울일 것이다. 그러는 사이 아이들은 자랄 것이고, 스스로 생각하며 자신만의 세계를 만들어 갈 것이다. 그때는 '겹쳐 있던 아이와 나의 생을 따로 떼어 놓는 일'을 해야 할 것이다. 그 길이 쉽지 않음을 알아서 두렵고 무섭기도 하다. 부단히 연습과 훈련을 하지 않으면 체벌하고 싶어지는 순간이 나를 많이 괴롭힐 것이다. 많이 불안하지만 나를 믿어 보기로 했다. 지금 내가 하고 있는 활동, 고민들이 그 시기에 나에게 위로가 되어 줄 것이고, 지나침에는 브레이크가 되어 줄 것이라 믿는다.

너무나 간절히 아이와 함께 성장하고 행복해지고 싶었던 나를 믿어 보기로 했다.

글쓴이 이정림

그림책을 읽고 토론하는 것을 좋아하고,
아이와 내가 함께 행복한 삶을 꿈꾼다.

친구는 친구를 때리지 않아요

여섯 살 아이를 둔 아빠입니다.

아이랑 편하게 이야기하고 장난도 치며 막역한 친구처럼 지내는 매일을 꿈꾸며 살지요. 하지만 때로는 친구들이 다투듯 저도 아이도 서로 자기 입장만 주장하며 말씨름을 하는데요, 그러다가 감정 조절에 실패하고 아이에게 큰 잘못을 저지를 때가 있습니다.

얼마 전에는 아차 싶을 정도로 아이에게 잘못을 했는데요, 아이에게 크게 소리 지르고 엉덩이를 한 대 세게 때렸습니다. 서로 장난을 치다가 힘에 부쳐서 그만하자고 했는데 아이는 여전히 신나하며 제게 달려들었지요. 아이는 예전보다 힘도 세지고 근성도 생겨서 포기하지 않고 몸 장난을 쳤어요. 그러다가 결국은 제 안경을 잡아채 버렸습니다. 저는 안경이 내동댕이쳐지자 순간 너무 화가 나서, "아빠가 안경 건드리는 거 제일 싫어한다고 했잖아! 그런데 왜 또 건드려! 왜!"라고 소리치면서 엉덩이를 세게 때렸습니다. 아이는 꺼이꺼이 울었습니다.

손찌검으로 아이를 제압한 저는 이내 큰 죄책감에 휩싸였습니다. 아이에게 굉장히 미안했습니다. 아이의 입장에서 생각해 보니, 아빠랑 장난을 치다가 난데없이 아빠가 소리를 지르고 세게 엉덩이를 때려 버리니 너무 속상하지 않았을까 싶습니다.

아이와 친구처럼 지낸다는 것은 아이와 정서적 유대 관계를 맺겠다는 의미일 텐데 저는 그렇게 하지 못했습니다. 아이와 친구처럼 지내기는 또래와 친구처럼 지내기와는 분명히 다릅니다. 위력이 동등한 사이에서는 말과 행동이 세게 나가도 금방 화해할 수 있겠지만 위력의 차이가 상당한 아이와의 관계에서는 그렇지 않지요. 그리고 무엇보다 아무리 친한 친구 사이라도 때리는 건 폭력이잖아요. 만일 아이를 때려 놓고선 친구처럼 대했다는 허울 좋은 말로 아동학대를 정당화시킨다면 그것보다 큰 죄는 찾기 힘들 것입니다. 친구 사이에서도 지킬 것이 존재하는데 말입니다.

저는 아이에 비해 어마어마한 위력을 가지고 있습니다. 그 어떤 이유로도 아이를 때리면 안 될 것입니다. 때리는 것은 장난도 사랑의 매도 아닌 학대이지요. 아이가 제게 이해하기 힘들 정도로 과격한 행동을 하였다면, 과격한 행동의 원인이 저 자신에게 있다는 것을 깨닫고 스스로를 돌아봐야 했습니다. 하지만 그렇게 하지 못했어요.

앞으로는 아이와 몸 장난을 칠 때 처음부터 아이가 해도 되는 것과 조심해야 할 것을 알려 주고자 합니다. 그것이 잘 안 지켜지더라도 아이는 제가 의도한 대로 100% 이해하지 못할 수도 있음을, 아니 실은 제가 아이와 함께 정했다는 규칙이 보통은 지극히 저의 입장에서 미리 정한 거라는 것을 기억하려고 합니다. 더불어 아이가 제 뜻대로 움직여야 한다는 마음속 깊은 곳의 생각을 떨쳐 버리기 위해서 아이는 그 자체로 나와 구별되는 한 명의 인간이라는 것을 늘 기억하겠습니다.

육아를 할 때 아이를 때리는 것 말고도 짝에게 화풀이할 때가 있습니다. 아이와 실랑이를 벌일 때 짝이 다른 일을 하고 있으면 괜히 짝이 원망스럽습니다. 짝이 하던 일을 멈추고 중재를 하거나 거들어 줬으면 좋겠는데 그러지 않으니 서운한 겁니다. 그런데 다시 생각해 보니 아이에게 화를 내는 저를 짝도 조마조마하게 지켜보면서 불안해하고 있다는 것을 알 수 있었습니다. 제가 짝과 아이를 모두 불안에 떨게 하는 거지요. 짝도 저로 인해 피해를 받고 있는 겁니다. 화풀이를 할 게 아니라 집안 분위기를 험악하게 만든 데에 대해서 용서를 구하고 아이를 대하는 데 힘든 점을 설명하면서 짝에게 조언을 구하든지 해야 할 일이었습니다. 육아에는 당연히 '엄마'가 개입해야 한다는 고정 관념이 자리 잡고 있어서 그랬던 것 같습니다. 앞으로는 이런 생각을 버리고 좀 더 제 자신을 성찰하면서 나아가겠습니다.

요즘은 불같은 화가 주체할 수 없이 마음을 지배할 때 모든 것을 멈추고 이성이 작동할 때까지 딱 30초만 심호흡을 하면서 화를 다스릴 시간을 벌려고 합니다. 그리고 만일 아이에게 소리쳤을 때는 되도록 빨리 아이에게 용서를 구하려고 합니다. 소리친

것의 원인은 사실 아이를 향한 저의 기대감과 불안감이라는 것을 인정하고 반성하려 합니다. 아이와 관계를 맺을 때에는 아이를 힘과 권위로 억누르지 않고, 아이가 즐겁고 편안하게 느낄 수 있도록 아이를 신뢰하고 존중하겠습니다.

친구는 친구를 때리지 않습니다. 정말 좋은 친구는 수평적인 관계에서 상대방을 존중하는 친구입니다. 아이와 수평적인 관계를 맺고 아이를 존중하며 나아가도록 노력하겠습니다.

미안해요 번개맨! 미안해요 여보!

글쓴이 이효성

번개맨을 좋아하는 여섯 살 아이의 아빠입니다.

페미 엄마와 아빠아들남성연대의 대결, 잠시 쉼표를 찍다

미투 운동이 사회적으로 이슈가 되고 페미니즘이 사회적 담론으로 힘을 가지면 가질수록 우리 집에서는 큰 소리가 나는 횟수가 많아졌다. 청소년 아들 두 명과 남편, 이렇게 셋이 한편이 되고 가족 중 유일하게 여성인 내가 상대편이 되어 배틀을 하는 모양새로 한 치도 굽힘 없는 팽팽한 이야기들이 오고갔다. 성차별, '펜스룰', 유리 천장, 성희롱과 성폭력, '여자도 군대 가라', '시선 강간' 등 매일 이슈가 조금씩 다르기는 했지만 결국은 세대를 뛰어넘은 '아빠아들반페미남성연대'와 홀로 궁지에 몰린 '페미' 엄마의 대결 양상이었다. 보통 SNS에서 건진 이슈로 도발적인 질문이나 의견을 표명하는 작은아들, 그 말에 불편함을 토로하는 나의 대꾸로 대결이 시작된다. 점차 대화는 사라지고 비하와 혐오가 뒤섞인 주장의 나열만 주고받을 때쯤, 작은아들 곁에는 어느새 형과 아빠가 붙어 지원 사격을 한다. 수적으로 열세에 몰린 나는 주장이고 뭐고 이성을 잃고 큰 소리로 분위기를 제압하려고 했던 것 같다. 펜스룰에 대해 이야기하던 어느 날은 자정을 훌쩍 넘겨 잠도 잊고 3:1 배틀을 하다가 남편이 나에게 이런 제안을 하기도 했다. "두 명 더 데려와서 다음에 3:3으로 붙자!" 페미니즘 관련 이슈가 대화의 주제로 나오기만 하면 큰 소리가 나거나 감정이 상하는 일이 반복되자, 남편은 "페미 그만하고 이제 가족으로 돌아오라"는 회유성 제안을 하기도 했다! 지금의 나는 가족이 아니라는 걸까?

나에게 성차별과 성희롱, 성폭력과 관련한 이야기들은 데이터나 뉴스 속의 사건이 아니라 일상의 감각이고 경험이다. 의견이 한 치도 좁혀지지 못하는 논쟁을 반복하면서 나의 경험과 감각이 그들에게 가닿거나 전혀 공감받지 못하고 있다는 생각에 힘들었다. 그러다 어느 순간, 반대로 나도 페미니즘이 해일처럼 몰려오는 시대에 남자로 살면 느끼게 된다는 억울함(?)에 귀 기울이지 않고 있다는 생각이 들었다. 그리고 그 시간들을 되돌아보면서 가장 뼈저리게 다가오는 건 우리의 말들이 서로를 이해하고 나의 한계를 넓히는 대화라기보다는 상대를 이겨 먹겠다는 힘겨루기에 지나지 않았던 건 아닐까 하는 점이었다. 그 와중에 나는 엄마라는 지위를 휘둘러 대화를 막고 아들들을 함부로 대한 건 아닌가 하는 생각이 들었다.

논리가 막히거나 말이 안 통한다고 느낄 때쯤 나는 소리를 질렀다. "됐어! 너네랑 이제 말 안 해!", "나를 엄마라고 부르지도 마!", "응~ 너 한남!"과 같이 먼저 예의를 잊은 나의 말이 메아리처럼 아들의 입에서 나오는 공격적인 말로 나를 향해 다시 돌아오면 엄마한테 그게 할 말이냐며 삐쳐서 방문을 꽝 소리 나게 닫고 들어간 적도 있다. (물론 여성에 대한 비하 표현과 그것을 미러링한 '한남' 등의 표현이 같은 수위의 잘못이라고 생각하지는 않는다.)

갑자기 커진 내 목소리에 어느 날 큰아들이 이렇게 말했다. "엄마가 이렇게 나한테 (무례하게) 소리를 지르는 건, 나한테는 이렇게 함부로 소리를 질러도 된다고 여기는 엄마의 생각과 태도 때문"이라고. '아차!' 싶었으나, 사과도 못 하고 할 말도 찾지 못했다. 여성혐오 표현을 내뱉는 남성연대의 태도도 문제가 있었지만, 나 역시도 나이 권력과 부모라는 지위 권력을 휘두르며 언어폭력을 했던 것은 아닐까. 우리의 대결은 서로의 약한 부분을 공격하며 힘을 겨뤄 한쪽이 다른 한쪽의 입을 막는 방향으로만 치닫고 있지는 않았던가.

운전을 하다가 오토바이를 타고 가던 남성에게 무방비 상태로 고성의 쌍욕을 들었을 때 분노했으면서, 학교 교문에서 학생주임의 폭언에 꼼짝 못 하고 당했다가 이를 두고두고 욕했으면서, 화난 엄마가 나에게 했던 말들에 '자식한테 할 소리냐'며 그렇게 진저리를 쳤으면서, 나는 그걸 그대로 아들한테 하고 있었다. 나와 다른 생각을 가진 사람이 자식일 때 나는 왜 쉽게 소리를 지르고 함부로 말했을까? 나는 엄마니까 아들한테는 그래도 된다고 하는 생각이, 약한 상대를 대상으로 고성의 폭언을 하는 것도 폭력이라는 것을 몸으로 알고 있으면서도, 그렇게 할 수 있게 했다. 가족과 대화하면서 평등의 사상인 페미니즘에 대한 체험은커녕 말로 하는 폭력만을 경험하게 한 것 같아 창피하고 후회스럽다. 일방적인 고성이나 폭언, 상대를 무시하거나 함부로 단정하는 예의 없는 말 역시 힘으로 상대를 누르려는 마음에 기반하고 상대의 인격을 존중하지 않는다는 측면에서 폭력이라고 생각한다. 나와 생각이 다른 가족과 평화의 언어로 서로를 성장하게 하는 대화를 하고 싶다. 노력하고 또 노력할 일이다.

글쓴이 이진영

중3, 고3이 된 아들들과 살아가며
가족 안에서 페미니즘을 실천할 길을
찾고 있는 중입니다.

저는 동생을 매로 때렸습니다

저는 동생을 매로 때렸습니다. 그 전에도 또 그 후에도 서로 치고받고 싸우면서 서로를 때리기도 했지만, 그날의 기억은 유독 저에게 선명합니다. 그것은 폭력이었습니다. 하지만 아무도 그 폭력을 벌하지 않았습니다.

부모님은 저에게 말했습니다. 엄마아빠가 없을 때는 네가 두 남동생의 엄마 역할인 거라고요. 부모님이 둘 다 외출한 날이면 어깨너머로 배운 요리 솜씨로 어설프게 계란볶음밥이나 국수 따위로 밥을 차렸습니다. 비 오는 여름날 속옷 차림으로 셋이서 손을 잡고 엄마가 다니는 교회에 찾아갔을 때 엄마는 제 뺨을 때렸습니다. 동생들과 셋이 놀러 나갔다가 막내를 잃어버리고 둘만 돌아왔을 때, 아빠는 마당에서 벌벌 떨고 있는 저를 휙 지나치며 내뱉었습니다. "누나가 돼 가지고 애 하나도 못 보고, 쯧." 모두 제가 초등학교를 졸업하기 전에 일어난 일입니다.

그렇듯 위임받은 부모의 역할은 무거웠습니다. 하지만 그 역할을 내려놓지 않은 것 역시 저의 선택이었지요. 저는 부모처럼 동생들을 통제하려 했고, 폭력을 저질렀습니다. 컴퓨터 게임 하루에 1시간만 하기, 집에서 소리 지르거나 뛰거나 문을 쾅 닫지 않기(층간 소음 때문), 매일 일기 쓰고 천자문 읽기 등이 제가 수호하려 했던 집의 규칙이었습니다. 통제할 수 없는 것을 통제하려 들거나, 혹은 근본적인 원인은 해결하지 못하고 드러나는 갈등만 틀어막는 어리석은 규칙이었지만, 그때는 규칙을 지키지 않고 '무책임하게' 행동하는 동생들이 무던히 미웠습니다.

그 미움과 답답함, 부모와 이웃 주민들에게 혼날까 봐 두려운 마음은 고성과 욕설, 구타로 터져 나왔습니다. 동생들은 설득되지 않는 '비이성적이고 미숙한' 존재이니까 대화는 불가능하다고 생각했습니다. 규칙을 지키기 위해서는 동생들이 저를 두려워하도록, 힘으로 제압할 수 있어야 한다고 믿었습니다.

그날, 저는 열 살쯤이었고 막내는 세 살 더 어렸습니다. 그를 때린 이유에 대해서는 기억이 뚜렷하지는 않습니다. 아마도 이런 패턴이었을 것입니다. 막내가 컴퓨터 게임을 계속하겠다고 떼를 씁니다. 아니, 다시 말하자면 그는 컴퓨터 게임을 계속하겠다고 말하고, 저는 그의 말을 무시하고 나오라고 강압적으로 소리치며 끌어내려 합니다. 그는 화를 내며 발을 구르고 소리를 지릅니다.

이러한 일련의 과정이 지난 후 저는 소리를 지르지 말라고 명령하면서, 가베(교구의 일종) 부품 중 나무 막대를 찾아 들고 막내를 위협하며 바닥에 앉혔습니다. 손바닥을 보이게 앞으로 내라고 하고, 두 번 혹은 세 번 내리쳤습니다. 그는 손바닥을 감싸 쥐고 엉엉 크게 소리 내어 울었습니다. 곧 아래층에서 집주인 아저씨나 아주머니가 올라오겠어, 하는 생각도 들었던 것 같지만.

그 순간 저는 깨달았습니다. 내가 지금 어떤 짓을 하고 있는지. 평생 이 일을 잊을 수 없을 거라는 것도, 또 아무리 빌어도 용서받을 수 없으리라는 것도. 엄마 아빠 혹은 학교 선생님에게 매를 맞을 때 내가 어떤 것을 느꼈었는데, 똑같은 행동을 나보다 약한 동생에게 하고 있다니.

제가 매를 맞을 때 느낀 것은 단지 아픔만이 아닙니다. 부당한 규칙에 따르라는 강요와 벌을 받는 것에서부터 굴욕감과 무력감을 느낍니다. 그 결과가 매를 맞거나 얼차려를 당하는 것일 때는, 상대가 나를 아프게 한다는 자각보다 무력하게 몸을 대고 있거나 우스꽝스러운 동작을 하고 있는 자신에 대한 수치심이 가장 괴롭습니다. 그것은 마음이 깨어지는 경험입니다.

그러고서 약 5~6년 후, 청소년인권운동을 만나게 되었습니다. 가정과 학교의 규칙들이 마냥 옳고 바뀔 수 없는 것이 아니라는 걸 알게 되었습니다. 그러니 동생들에게 그러한 규칙을 강요할 이유가 없어졌습니다. 그러자, 소리를 지르며 화내고 센 척을 할 이유가 없어졌습니다. 때릴 이유는 더욱이 없지요. 그러고 나니 관계가 변했습니다. 바뀌어야 할 것은 동생들이 아니었습니다. 잘못된 규칙이고, 나이고, 부모이고, 나와 부모의 폭력을 정당화하고 방조한 사회였습니다.

나는 체벌의 가해자입니다. 하지만 앞으로 평생 체벌을 비롯하여 굴욕감과 무력감, 수치심을 주는 벌을 누구에게도 주지 않을 것입니다. 또 주변에서 그러한 일이 벌어진다면 제지하고, 필요하다면 고발하겠습니다. 가정과 학교에서 받는 억압에 저항하는 청소년을 지지하며 체벌을 권하는 사회에 맞설 것입니다.

글쓴이 이경은(밀루)

이 책의 편집자입니다.

힘을 동원해 굴복시키는 것은 쉽고, 존중하고 이해하는 것은 어렵다

나에겐 딸이 있다. 물론 딸을 사랑했고 딸도 누군가를 사랑할 줄 아는 사람이 되길 바랐다. 때로 딸이 잘못을 하면 혼을 내고 체벌을 가할 때조차도 나는 그것이 딸을 향한 사랑이라고 믿었다.

딸이 초등학교에 갓 입학했을 때였다. 딸이 친구와 다투었다는 걸 상대방 아이의 엄마를 통해 전해 들었다. 친구의 일방적 입장의 이야기였다. 하지만 딸에 대해 좋지 않은 얘기를 들으니 몹시 화가 났다. 초등학교에 입학시키며 딸에 대한 기대가 있었다. 수업을 잘 듣고, 친구와 잘 지내고, 바른 생활을 하고. 내가 꿈꾸던 딸의 학교생활에 대한 기대가 처음부터 어긋나는 느낌이었다. 그날 오후 학교에서 돌아온 딸에게 다그쳐 물었다.

"너 ○○와 다퉜다며? 무슨 일이 있었니?
네가 친구에게 나쁘게 한 것이 사실이니?"

딸은 대답이 없었다. 엄마의 무서운 기색에 한껏 움츠려 있었다.

"왜 대답이 없어? 사실이냐고!"

대답 없는 딸의 모습은 자신의 잘못을 시인하는 것처럼 느껴졌다. 기대가 산산이 부서진다는 말이 무슨 말인지 알 것 같았다. 여기서 바로잡지 않으면 아이가 평생 어긋날까 두려웠다.

"엄마가 그렇게 키웠니! 엉? 종아리 걷어!"

딸에 대한 무너진 기대로 마음이 쓰라렸다. 화가 나서 손으로 때리면 폭력이지만 화를 배제하고 훈육을 목적으로 한 체벌은 괜찮다고 전문가가 했던 얘기가 생각이 났다. 마음을 가라앉히고 손에 매를 잡았다. 체벌이 아이를 위하는 방법이라 믿었다.

휘익, 탁!

아이가 비명을 내지르며 울어 댔다.

탁! 탁!

아이는 발을 동동 구르며 비명을 질렀다. 고통에 찬 울음을 쏟아 냈다.

"다 널 위한 거야. 앞으로 친구에게 그러면 안 돼! 알겠어?"

"네……."

쓰지 않던 존댓말을 쓰며 아이는 대답했다. 아이의 종아리는 금세 멍이 들어 부어올랐다. 마음이 아팠지만, 냉정하게 아이에게 말했다.

"이제 방에 들어가서 숙제해!"

아이는 눈물을 뚝뚝 쏟으며 방으로 들어갔다. 이건 다 아이를 위한 일이라고 생각했다.

아이를 체벌한 그날 밤 도무지 잠이 오지 않았다. 휘두른 매가 아이 종아리에 닿을 때 전해 오던 둔탁한 느낌이 계속 손에 남아 있었다. 고통에 발을 동동 구르며 울던 아이의 모습이 계속 머릿속을 맴돌았다. 얼마나 아팠을까……. 어린 시절 체벌을 받던 내 모습도 떠올랐다. 그때는 체벌이 흔하던 시절이었다. 맞을 때 몹시 아팠었다. 반성은 매가 겁나서 했을 뿐이었다. 두려움에 한 반성은 시간이 지나면 수치심만 남겼다. 그런데 아이의 잘못에 나는 왜 체벌을 선택했나. 내가 경험한 교육 방법이 체벌밖에 없었다. 그럼 체벌을 경험한 아이도 훗날 자신의 아이에게 같은 방법을 택하지 않을까 걱정된다. 체벌은 힘으로 굴복시키는 것이고 힘으로 굴복시키는 것은 폭력이다. 내가 체벌이라고 가한 것은 폭력이었다.

그 후 체벌을 선택하지 않기로 했다. 또한 권위적으로 윽박지르고 화를 내는 것, 용돈으로 통제하는 것도 멈췄다. 힘을 내려놓으니 딸과 생활하는 데 많은 노력이 필요했다. 우선 사회적 규범에 딸을 맞추지 않기로 했다. 타인에게 피해를 주지 않는 것이면 존중했고 바른 생활을 강요하지 않았다. 불편함이 있으면 깨닫고 바뀔 것이라 믿고 기다렸다. 우리 가족의 규칙을 만들었다. 허용되는 범위와 되지 않는 범위를 명확히 했다. 허용되지 않는 범위는 최소한으로 줄이고 애매한 부분은 딸과 의논해 정했다. 딸이 직접 참여해서 정한 규칙이니 약속을 어기는 일이 거의 없었다. 혹여 약속을 지키지 못하는 날은 미리 허락을 구했다. 딸은 내 소유라는 인식도 버려야 했다. 엄마의 따뜻함과 편안함은 주되 한 인격체로 존중하려고 노력했다. 쉽지는 않았다. 화를 내고 윽박질러 내 뜻대로 하고 싶은 마음도 많이 들었다. 힘을 동원해 굴복시키는 것은 어렵지 않지만 존중하고 이해하는 것은 어려운 일이었다.

가정 밖에서 타인에게 가하는 폭력은 범죄다. 자식도 타인이다. 집 안이라고 예외는 아니다. 내 자식이기 이전에 한 인격체로 대한다면 폭력은 있을 수 없는 일이다. 이것을 기억하며 살아가려 한다.

글쓴이 박선영

정의당 경남 양산지역위원회 부위원장,
양산지역여성위원회 위원장.

삶의 속도를 줄이면 폭력의 가능성도 줄지 않을까요

2010년 4월, 딸아이가 태어나면서 삶의 경로가 마구 흔들렸어요. 당시에도 세상은 워낙에 험난했던지라, 이따위 세상에서 아이를 키우며 살아가는 미래란 상상조차 해 본 적이 없어서, 느닷없는 출산과 잇따라 온 엄마로서의 삶이 제겐 꽤 버거웠어요. 아이를 낳기 전, 30년 넘게 경험해 온 세계에서는 나만 생각하기에도 빠듯했는데, 아이와 나? 곁에 있던 동료들은 아이를 낳고 3개월이 지나면 일터로 돌아오거나 떠났는데, 이를 눈여겨보지 못한 저는 아이를 낳고 3개월만 지나면, 원래 있던 자리로 돌아갈 수 있나 보다, 했어요. 참, 무식했죠.

아이와 함께하는 삶은 이전과는 다른 삶을 요구했습니다. 밤을 새워서라도 마쳐야 할 일이 있는데, 밤을 새울 수가 없는 거예요. 처음 몇 번은 이전처럼 일을 하고 뻗기도 했는데, 배고프다는 아이에게, 놀아 달라는 아이에게 제가 큰소리를 치거나 짜증을 내고 있더라고요. 몇 번이나 비슷한 상황이 되풀이되어 곰곰 생각해 보니 아이의 요구는 너무 정당했는데 제 상태가 안 좋았던 거예요. 짜증이나 화가 날 만한 정당한 상황이라 해도, 직장 상사나 잘 보여야 할 상대에게는 화를 내지 않잖아요. 그래서 나는 왜 이것밖에 안 되나, 속을 좀 끓였어요.

아이가 울면 온종일 마음이 안 좋으니까 방법을 찾다가 도달한 결론은 일을 줄여야 한다는 거였어요. 아이가 없던 시절처럼 나는 똑같이 일할 수 없다, 똑같이 일하면 아이에게 상처를 준다, 그러니 행복해지려면 삶의 조건을 바꿔야 한다. 어떻게? 지치지 않게, 퇴근 후에도 에너지가 남아 있게. 그러려면 일 욕심은 물론, 일의 양과 쏟는 에너지도 줄여야 합니다. 예전 같으면 몸을 갈아 넣어서라도 재밌는 일들을 해 나갔을 텐데, 그러면 아이와 함께하는 삶이 무너지니까 뒤로 미루곤 합니다. 아이가 조금 더 크면, 아이가 엄마를 찾지 않고 친구랑 노는 게 더 재미있는 때가 오면, 하고요.

사람들과의 관계도 점점 단순해지는 것 같아요. 일과 관련된 모임이 늘 저녁에 이루어져서 힘들었는데 '이 사람들과의 시간이 내 아이와 함께하는 시간과 맞바꿀 만큼 가치가 있나?' 이런 생각을 하게 된 거예요. 아이가 제 삶의 지표가 된 거죠. 1년 남짓 책방을 하면서는 이전에 하던 저녁 모임들도 모두 아침이나 낮 모임으로 바꾸었어요. '이게 될까?' 싶었던 일들이 어찌어찌되는 경험을 하며 삶에 대한 만족도가 높아지고 있는 것 같아요.

체벌 거부 선언 이야기를 들었을 때 '아직도 이런 선언을 해야 하나?' 한숨이 나왔는데, 생각해 보니 아이에게 화를 내거나 짜증을 부리곤 급 반성하던 일들이 떠올라 '이것도 폭력이겠구나' 했어요. 물리적 폭력은 말할 것도 없고, 알게 모르게 행하고 있는 정서적, 언어적 폭력에 대해서도 함께 생각해 보면 좋겠습니다. 폭력은 팍팍한 환경에서 비롯되는 거니까, 그런 조건들을 바꾸어 갈 수 있으면 하는 바람입니다.

글쓴이 전유미

초등 3학년 여자아이를 둔 엄마.
서울 홍대 근처에서 작디작은 책방을 꾸려 가고 있어요.

생각하는 대로
산다는, 어려운 일

"망각은 인간의 두뇌 회로가 선택한 고도의 생존 전략이자 인간의 사고 구조에서 축복이다."* 부끄럽거나 힘든 기억을 잘 잊어버리는 것은 실수투성이 인간의 생존 전략이 아닐까?

초등학교에 다니는 어린이와 함께 산다. 이 어린이가 생후 6개월쯤 되던 어느 날로 기억한다. 무슨 잘못을 그렇게 크게 했을 리도 없는데, 그의 엉덩이를 찰싹 때렸다. 귀여워서 살짝 치는 것과는 다른 마음이 실려 있었다. 피곤함에 지친 짜증이나, 얼마간의 원망 같은 것 말이다. 6개월 된 그의 돌아보는 눈동자가 잊히지 않는다. '너 지금 뭐 한 거니?' 하고 질책하는 것만 같은 눈빛이었다. 그 후로 다시 '때리지는' 않았다! 물론 그것만으로는 부족하다. 여전히 숱하게 많은 고함과 폭언, 다그침으로 그이를 괴롭히곤

* 구본권(2015), 《로봇 시대, 인간의 일》, 어크로스.

한다. 신체적인 폭력뿐만이 아니라 '심장을 맞는' 것 같다는 정서적 폭력도 저지르지 않으려 애는 쓰지만, 너무 어렵다. '부모' 특히 엄마에게 부여된 역할과 임무가 무겁고 고통스럽고 또 억울하기 때문이다.

그러나 가능한 한 빠르게 "소리 질러서 미안해. 못된 말 해서 미안해. 네 기분 모르는 체하고 다그쳐서 속상하게 한 것 미안해"라며 사과한다. 내가 화를 냈던 이유도 그이의 속상한 마음이 풀리면 차근차근 설명하려고 한다. 그렇게 우리는 서로 존중하는 방법을 배우며 함께 자라고 있다. 자녀를 키우며 사는 일을 흔히 육아라고 한다. 그러나 부모와 자녀의 관계는 서로 함께 자라는 과정이기도 하므로 요즘 들어 '어린이와 함께 살며 활동하는 사람'으로 자기소개를 하고 있다.

이번의 글쓰기를 계기로 엄마로서의 억울함을 들여다보았다. 이 억울함은 모성 신화를 거부하고 온전한 인간으로 살고 싶은 '여성이자 활동가인 나'의 것이다. 동시에 어린이로서 제대로 보살핌을 받지 못하던 '어린 시절의 나'의 것이기도 하다.

인권 혹은 페미니즘에 관심을 두게 된 계기는 출산의 경험으로부터 시작되었다. 그 전까지 내 삶에서 '여성'이나 '노동자'라는 자각은 별로 크지 않았다. 시모는 내가 출산하자 나를 P씨 집안에 자손을 낳아 주러 온 여자로만 대하는 것 같았다. 밤마다 아기의 울음을 들으며 신경질이 치솟았다. '나에게 모성애는 없다. 엄마인 내가 행복해야 너도 행복해. 그러니 우리는 같이 있는 시간을 줄여야 해.' 그의 모든 것을 챙겨야 하는 '엄마'로 사는 것이 힘겨웠다. 가능하면 아이돌봄 서비스, 어린이집 등 보육 서비스를 이용해 자녀와 지내는 시간을 줄이는 것이 유일한 자구책이었다.

아기가 어린이가 되어 가면서 어린이·청소년인권을 만났다. 인권교육 활동가로서 어린이와 청소년은 동료 시민이라고 숱하게 말해 왔지만, 어린이를 '인간 존재'로 대하는 법을 모르기는 나도 마찬가지다. 생각하는 대로 살기 위해 무수한 시행착오를 겪는 중이다. 이에 남들은 "제멋대로인 아이로 키워 놓고 힘들다고 징징거린다"며 비난하기도 한다.

어린이가 자신의 요구를 표현하기 시작하자, 그 요구를 좀 더 들어주기로 했다. 여행도 다니고 종종 사람들을 함께 만나며 같이 지내는 시간을 늘려 가는 중이다. 계속 자라는 어린이의 변화에 맞춰 나의 태도와 행동도 계속 변화해야 하므로 어렵기 짝이 없지만, 어린이와 어떻게 살아갈지 고심하는 것 외의 다른 선택지는 지금으로선 없다. 그래서 이 어린이와의 관계가 펼쳐지는 모든 시공간이 나에게는 현장이라고 여긴다.

어린 시절의 나는 엄마 노릇 하느라 아이답지 못한 애어른이었다. 결혼 전에는 엄마를 보살피는 '살림 밑천' 큰딸 노릇을 하는 게 버겁기도 했다. (물론 엄마도 나 때문에 마음고생 많이 했다.) 어린이에게 너도 나처럼 딸이니까 엄마를 보살펴 달라는 호소를 하지 않으려고 애쓰고 있다. 언제까지 안 할 수 있을지는 잘 모르겠다. 어린이·청소년 시기의 나는 경험하지 못한 관계를 함께 사는 어린이와 만들어 보고 싶다. 말 그대로 고군분투다.

엄마로 9년을 살아왔는데도 엄마로서의 억울함이 쉬이 사라지지는 않는다. 그러려니 하고 받아들이고 살기는 싫으므로 나는 이 억울함을 잘 간직하려고 한다. 내가 아무리 억울하다고 해도 각자도생의 논리가 판치는 세상에 원하지도 않은 인생이 시작되어 버린 자녀의 억울함(그래서 부모는 자녀를 원망할 자격이 없는 것도 같다)만 할까. 삶은 축복이라고 하지만, 나도 '왜 나를 낳아 놓고 끝까지 챙기지 않는지, 왜 내가 원하지 않았던 삶을 사느라 이런 고통을 감내해야 하는지' 하늘을 향해 수없이 질문했다. 내 존재의 괴로움, 타인과의 관계 혹은 나를 미워하는 나 때문에 상처 입은 마음을 보살피려 상담과 주변 사람들의 도움을 받아 왔다. 나와 함께 사는 어린이에게도 수많은 사람들의 도움과 포용이 필요할 것이다.

함께 사는 어린이에게 더 자주 사과해야겠다. 아니, 이왕이면 사과할 일을 하지 않는 편이 더 좋겠다. 고함치지 않고 다그치지 않고 조심스레 대하자. 사과의 빈도를 줄이는 것, 이것이 올해의 목표다.

글쓴이 림보

청소년노동인권네트워크와
인권교육센터 들에서 활동하며
아홉 살 어린이와 함께 삽니다.

어린이에게도 성숙해질 기회가 필요하다는 것을 기억하며 함부로 무시하지 않겠다

아빠는 나를 많이 때렸다. '아, 이러다 죽을 수도 있겠는데?'라는 생각이 자주 들었다. 경찰에 신고할 생각은 하지 못했다. 어딘가 심각한 상해를 입어야지만 폭행, 아동학대로 인정받을 수 있을 것 같아서였다. 부모에게 받은 체벌 중 제일 싫었던 건 무릎을 꿇는 것이다. 무엇보다도 인간으로서의 존엄성이 무너지는 일처럼 느껴졌다. 맞는 건 내가 잘못했다 생각하지 않아도 맞는 것이지만 무릎을 꿇는 일은 이 모든 일이 내 잘못처럼 여겨지게끔 만들었고 나로 하여금 부모의 밑에 있는, 인간이 아닌 그들의 소유물처럼 느껴지도록 만들었다. 체벌은 이렇게 한 사람의 존엄성에 상처를 남기는 일이다.

나는 그 많은 순간들에 내가 당했던 모든 폭력을 기억하고 있고, 앞으로도 기억하려 한다. 그들이 다시 내게 폭력을 행사하게끔 두지 않으려, 내 주변에서 누군가가 체벌을 당했을 때 방관하지 않으려, 나 또한 내 안의 폭력을 경계하며 사람 한 명 한 명을 존중하기 위해 기억하려 한다.

나 또한 어릴 적에 나보다 어린 사람들에게 권위적이고 폭력적인 사람이었다. 무시당하기 싫어서인지, 아니면 그냥 내가 폭력적인 사람이어서였는지 모르겠다. 기억에 남는 것은 내가 겪은 폭력을 더 어린 사람들에게 똑같이 했다는 것이다. 내 행위들과 내가 체벌을 당했던 과거를 기억하며 '당연히 체벌은 안 되는 거지!'라는 생각을 갖게 되었다. 하지만 체벌을 거부한다는 건 생각보다 굉장히 어려운 일이었다. 나보다 어린 사람과 소통이 잘 안 될 때 내가 그를 존중한다는 건 정말 꾸준한 노력이 동반되어야 하는 일이었던 것이다.

체벌을 하지 않더라도 교사나 부모 등 비청소년들은 나를 '편하게' 대했다. 반말을 하고, 내가 미성숙함을 조금이라도 내보이면 극도로 싫어했다. 나와의 소통이 잘 되지 않으면 그들은 모든 문제를 내 탓으로 돌렸다. 그리고 비청소년들의 그런 태도는 곧 내가 체벌을 당하는 상황으로 이어졌다. 지각을 했다고 앉았다 일어서기를 시키고, 학원 숙제를 제대로 안 해 왔다고 1시간가량의 수업 내내 손을 들고 있게 하고, 공부를 제대로 하지 않았다고 손을 때리고, 말이 통하지 않으니 때려야겠다며 매를 들었다. 마치 내 미성숙함이 맞아도 되는 근거로 느껴졌다.

그러나 나 또한 그 사람들과 다르다 할 순 없다. 나보다 어린 사람들과 대화를 하다 보면 답답함을 느낀다. 그런 느낌이 들면 나는 그 사람들과의 소통에 소홀해진다. 대충 듣고, 건성으로 대답하고, 그러다 조금씩 함부로 대하는 부분도 없잖아 있는 걸 느끼며 얼른 대화를 마치고 혼자 있고 싶어 한다. 모든 사람과의 관계에 적극적일 수는 없겠지만, 나의 이런 태도가 어린 사람에 대한 무시로 변하고, 그들을 폭력을 당해도 되는 사람들이라고 생각하게 만들까 봐 무서워졌다.

그래서 나는 조금씩이라도 노력해 보려 한다. 나는 나보다 어린 어린이·청소년과 함께일 때 그들의 말, 행동 하나하나를 존중하려고 한다. 그들과 소통이 잘 되지 않을 때 답답해하지 않고 조금 더 기다리는 마음을 가지려 한다. 또한, 누구에게나 성숙해질 기회가 주어져야 한다는 것을 기억하며 함부로 무시하지 않을 것이다. 앞으로 잘 지켜질지는 모르겠지만 꾸준히 노력하며 나를 성찰해 보려 한다. 그러한 의미에서 나는 옛날의 나와 내게 폭력을 행사했던 모든 사람과 그 일들을 기억하며 체벌을 거부하려 한다.

글쓴이 권리모

경남 창원의 고등학생.

체벌은 더 많은 힘을 가진 사람은 이래도 된다는 가르침이다

나의 한 아이(A)가 돌 즈음, 출산 후 우울증으로 아이 양육에 많은 스트레스를 받고 있는 상황이었다. A의 행동에 짜증이 난다는 이유로 주걱을 들고 종아리를 때린 적이 있었다. 그런데 한 대 때리고 A가 자지러지게 울 때 갑자기 '이러다 아이를 죽일 수도 있겠다!'는 생각이 퍼뜩 들었다. 감정이 제어되지 않는 상황을 직감하게 된 것이다. 그 이후로 다시는 아이에게 체벌을 하지 않기로 다짐했다.

그 이후 체벌을 하지는 않았지만 나의 감정을 흔드는 일은 양육 과정에서 계속적으로 일어났다. '독박 육아'를 하는 상황에서 더욱 감정 조절이 어려웠다. 그 이후로는 물리적이지 않은 체벌을 계속했다. 윽박지르기, 야단치기, 협박하기, 무관심·무대응 등 다른 방식의 체벌을 했다고 생각한다.

다른 한 아이(B)는 고등학생이 된 후에 자퇴와 가출을 하겠다고 하여 나와 갈등을 겪었다. 가출을 하겠다는 B를 막아섰다.

때릴 수도 없고, 소리를 지르는 것도 아무 효과가 없는 급박한 상황이라 판단했다. 아이를 들어 아이 방에 던져 버렸다. 그리고 그날 밤에 B는 자해를 했다. 이후 B의 이야기를 듣지 않고 대화를 하지 않는 무관심의 체벌을 가했다. B와의 소통은 문자로만 주고받게 되었다.

또 다른 아이(C)가 중학생 때 있었던 일이다. 많은 교사들이 있는 학교 교무실에서 교감 선생님이 30cm 자를 가지고 C의 팔뚝을 탁탁 치며 "왜 맞을 짓을 해?"라고 말씀하셨다. C는 자신의 팔로 그 자를 탁 쳐 내며 "세상에 맞을 짓이 어디 있어요?"라고 (교감 선생님의 표현으로는) 교감 선생님의 눈을 똑바로 쳐다보며 대답했다고 한다. 이 일로 C는 징계위원회에 회부된다는 통보를 받았고 나는 학교에 불려 갔다. "그렇게 하십시오"라고 답하며 나오는데 가슴속에 '정말 다행이다!'라는 생각이 가득 찼다. 나는 폭력 양육을 했지만 아이들은 올바름을 제대로 배우며 커 줬기에 너무도 다행이라고 생각했다.

이제 아이들은 성인이 되었다. 지금도 갈등은 계속되고 있다.

그러나 나는 체벌을 거부한다!

나는 체벌을 당하는 피해자로 성장했다. 그리고 나의 감정을 소모하는 방식을 체벌을 당하는 피해자로서 배웠다. 그리고 나는 가해자가 되었다. 피해자의 기억과 가해자의 기억을 모두 가진 나의 생각은 이렇다.

체벌은 힘이 더 강한 사람, 권력이 있는 사람, 지식을 더 많이 가진 사람, 돈을 더 많이 가진 사람이 그렇지 못한 사람에게 의도적으로 행하는 폭력이다. 그리고 그 체벌의 방식은 '네가 다른 사람보다 더 많이 힘, 지식, 돈, 그 외의 여러 가지를 가지게 되었을 때 너도 이 방식으로 폭력을 사용하면 된다'고 가르치는 교육을 하는 것이다. 그렇기에 나는 체벌을 거부한다. 나의 아이에게도 그리고 누구의 아이에게도 체벌을 하지 않을 것이다. 내가 이제껏 저지른 신체폭력, 언어폭력, 정서폭력, 무관심과 무대응의 태도는 잘못된 것이었다. 그것은 사랑도, 애정도 아닌 그냥 폭력이었다. 나는 내가 대를 이어 전수시킬 수 있는 어떠한 폭력도 하지 않겠다고 선언한다.

글쓴이 윤소영

여성인권운동 활동가,
경남여성단체연합 사무처장.

나도 아빠가 처음이라 어렵지만 폭력은 아닌 것 같아

나는 가정, 학교, 군대, 여러 곳에서 폭력을 경험하며 자랐다. 폭력은 일상에 깊이 뿌리내려 있었고, 그런 만큼 자연스러운 형태를 띠었다. 폭력을 싫어했지만 그런 일상은 내 속에서 폭력의 씨앗이 자라나게 했다. 그리고 그런 일상은 폭력이 차이와 갈등을 손쉽게 해결하는 방법이라는 점을 끊임없이 상기시켰다. 순한 성격이라는 말을 들었지만 어느 순간 울컥하면 내 속의 폭력적인 기운이 밖으로 드러났다.

그런 부조리한 상태가 계속되었다. 내 속에 폭력적인 면이 도사리고 있다는 점을 알고 있는 나는 '난 그런 사람이 아니'라고 주장하며 이중성을 숨기려고만 했다. 그러다 어느 순간에는 이중성을 인정해 버리고 내가 가진 위치를 즐기려고 했다. 내가 가진 지위를 유지하는 게 삶의 편안함과 편리함을 주니.

그 모순이 가장 크게 터져 나온 순간은 돌봄을 필요로 하는 존재가 내 생활에 등장하면서부터였다. 그 존재가 주는 기쁨은

켰지만 항상 누군가가 옆에서 돌봐야 했기에 내 활동 반경도 줄어들고 에너지도 소진되었다. 힘들고 지친 날일수록 신경은 날카로워졌고, 내 바닥을 드러내게 되었다. 소리를 지르고 화를 내고, 때리지는 않았지만 어쩌면 그보다 더 나쁜 상황을 만들었을 거라 생각한다.

'한국남성'(한남)의 가부장적 기득권은 그런 폭력을 강화시키기에 좋은 조건이다. 양육의 책임을 여성에게 미루고, 훈육이라는 미명으로 아동에게 폭력을 행사하고, '다들 그렇게 살아'라고 생각한다. 이렇게 기득권에 젖어들면 상대의 감정에 반응하는 감수성이 둔감해질 수밖에 없다. 정신 차리고 살아야지, 다짐하지 않으면 눈 깜빡할 순간에 변하는 나 자신을 보게 된다.

나 역시 그런 바닥을 들여다보면서 더 이상은 안 되겠다고 생각한 것 같다. '나는 폭력을 쓰지 않는 좋은 사람'이라는 생각을 버리고 '나도 폭력을 쓸 수 있는 불완전한 인간'이라는 점을 인정하면서 조금씩 개선의 여지를 찾게 되었다. '나는 그런 사람이 아니야'라고 선언하지 않고 '너는 나를 어떻게 생각하니'라고 묻게 되었다. 나는 잘못을 하지 않았다고 고집하지 않고 잘못을 했다고 생각되면 사과하는 태도를 가지게 되었다. 사과하기까지 걸리는 시간을 점점 줄이려 노력하고 있다.

타자는 나를 비추는 거울이라 생각한다. 그 거울에 비친 내 모습이야말로 내가 바라보고 싶지 않은 진짜 내 모습일 수 있다. 아마도 앞으로도 무수히 많은 갈등을 거치며 내 바닥을 더 깊이

헤집고 들어갈 수밖에 없을 거라 생각한다. 그렇게 해서 드러나는 내 모습이 여전히 부끄럽고 두렵다. 하지만 그렇게 하기에 조금씩 나아질 수 있다고 믿는다.

요즘도 같이 사는 어린이와 자주 다툰다. 함께 살기 위해 서로가 지켜야 할 규칙이 있는데, 그것에 대한 이해가 항상 서로 다르다. 다투면서 친해진다고, 서로 투닥거리다 보면 나이를 먹어도 얘기를 나눌 수 있겠다고 생각하게 된다. 그리고 내가 부대끼는 만큼 아내의 부담이 줄어드니 가족의 관계도 나쁘지 않다. 여전히 한남이지만 가부장제의 한남에서 벗어나니 상대의 관점에서 생각하는 법을 훈련하게 된다. 물론 여전히 어렵고 힘들다.

나는 그런 갈등과 두려움을 말끔하게 제거하는 체벌이 그 무엇도 해결해 주지 못한다고 생각한다. 폭력이 줄어드는 방향으로 세상이 움직여야 한다고 믿는다. 그 믿음이 현실에서 힘을 가지려면 내가 그렇게 살아야 하고, 내가 그렇게 살려면 주변의 동반자들과 다른 관계를 맺어야 한다. 지금 내 옆의 존재는 그런 관계를 진단하는 리트머스 시험지 같은 존재라고 생각한다. 내가 길을 잘 걸을 수 있도록.

글쓴이 하승우

좀 비틀거리더라도 계속 길을 걸어가는 게 중요하다고 생각하는 40대 남성입니다.

나의 탈가정은 폭력 사회에 대한 거부 선언이다

학교에서는 수업 시간에 떠들었다가 뒤에 나가서 엎드려뻗쳐 자세를 하고 엉덩이를 회초리로 맞았다. 학원에서는 숙제를 해 오지 않아서 복도에 나가 손을 들고 서 있어야 했고, 집에서는 '체벌을 당하지 않았다'는 거짓말을 한 것을 들켜서 종아리나 손바닥을 회초리로 맞았다. 나의 인생에서 체벌은 어딜 가나 당연한 것이었다. 내가 마주하는 어른들 대다수가 나를 때렸고, 그게 당연한 것처럼 굴었다. 그래서 나는 체벌에 대해 깊게 생각해 본 적이 없었다.

처음으로 '잘못한 것에 따른 체벌'을 무슨 기준으로, 누가 정하는 건지 궁금해졌던 때가 있다. 그날도 아빠에게 체벌이라는 명분으로 얼굴을 주먹으로 두들겨 맞았다. 아빠는 때리는 이유를 '네가 도서관을 안 가고 집에서 놀고 있어서'라고 했다. 근데 내가 도서관에 가서 공부를 하는지 안 하는지를 어떻게 아는가. 도서관에서 놀면 맞지 않아도 되고, 집에서 놀면 맞아야 한다? 문득 기준이 너무 허술하지 않나 하는 생각이 들었다. 어딜 가나 할 일 없이 놀 예정이었던 내가 결국 맞아야 했던 이유를 곰곰이 생각하다 내린 결론은 아주 간단했다. '집에는 아빠가 있고, 도서관에는 아빠가 없기 때문'이었다. 조금 다르게 말하자면, 어떤 곳에 나를 때릴 수 있는 사람이 있고 없고의 차이였다.

돌이켜보면 나는 학교에서든, 학원에서든, 집에서든, 누군가에게 '언제든 때릴 수 있는 사람'으로 여겨지고 있었다. 같은 실수를 한 사람이라도 나보다 나이가 훨씬 많거나 체격이 큰 사람은 맞지 않았다. 결국 내가 '무엇을 잘못했는지'가 아니라 '때려도 될 사람인지'가 중요한 문제였던 것이다. 그리고 때려도 될 사람에 대한 기준은 사람마다 조금씩 달랐지만 공통점은 늘 자신보다 어리고, 작고, 지위가 낮아 보이는 사람이었다. 나는 그런 기준에 철저하게 부합하는 사람이었다.

체벌을 받지 않기 위해서는 나를 체벌하는 사람들을 피해 다니면 그만이었다. 그리고 도둑질에서부터 벨튀(남의 집 벨을 누르고 도망치기), 높은 곳에서 물건 던지기 등 각종 범죄를 저지르곤 했다. 이따금씩 걸려 체벌을 당하곤 했지만 그냥 재수가 없어서 걸린 것쯤으로만 여겼다. 결국 잘못한 것이 무엇인지도 모르고 체벌을 더 잘 피해 갈 수 있는 교묘한 수법만 나날이 발전되어 갔다.

고등학생이 되고 촛불 집회에 참여하러 나갔다가 집에 돌아와 "공부는 안 하고 놀러만 다닌다"며 또 맞은 날, 나는 부모의 눈앞에서 짐을 싸며 "더 이상 이렇게는 살지 못하겠다"고 말했다.

나를 언제까지나 맞아도 되는 사람, 폭력으로 다스릴 수 있는 사람으로 취급하는 곳에서 더 버틸 수 없고, 더 버티지도 않겠다는 결단이었다. 아마 그렇게 말할 수 있었던 까닭도 '나는 이제 비청소년에 가까운 사람이고, 그러므로 맞을 사람이 아니다'라는, '맞아도 되는 사람은 따로 있다'는 인식이 옅게 깔려 있었기 때문인 것 같다. 초등학생 때는 그렇게 말하지 못했던 것, 이제야 그 당연한 분노를 당당히 표출할 수 있게 된 사실이 조금 씁쓸하지만 나는 그날 나에게 한없이 폭력적이기만 한 사회에 거부 선언을 했다. 더 이상 누군가의 폭력 앞에 머무르지 않을 것이며 또 내가 누군가를 폭력의 상황으로 밀어 넣지도 않을 것이다.

글쓴이 피아

청소년인권운동을 하고 삽니다.
돈도 좀 받습니다. 만족스럽지만
고민이 많습니다.

회초리를 찾으러 나갔던
소년은 한참 만에 울면서 돌아와
돌멩이를 내밀며 이렇게 말했습니다.
"회초리로 쓸 만한 나뭇가지를
찾을 수 없었어요. 대신 이 돌을
저한테 던지세요." 아이는 '엄마가
나를 아프게 하길 원하니까
회초리 대신 돌을 써도 될 것'이라고
생각한 것입니다.

아스트리드 린드그렌

2부
교육이라는 이름의 폭력을 거부합니다

교사와 학생의
체벌 거부 선언문

나는 교사로서 더 행복해지기 위해 체벌을 거부합니다

학창 시절, 체벌은 당연한 일이었습니다. 학교가 바뀌고 교사가 달라져도 학생을 대하는 방식은 같았습니다. 자신의 말에 대꾸하지 않고 따르면 착한 학생이었고 다른 말을 하면 때렸습니다. 매로 때리든 손으로 때리든 맞을 때의 억울함과 분노는 똑같았습니다. 때리는 사람이 감정을 배제했느냐 아니냐와 상관없이 맞는 나의 감정은 분명했습니다. 나는 맞고 싶지 않았습니다. 맞고 있는 나에게 반성을 강요하고, 맞고 나서도 인사를 하고 돌아서라는 교사의 말은 저의 존재를 허물어 버릴 만했습니다. 교사에 대한 불신과 두려움은 인간에 대한 두려움으로 커졌습니다. 자살을 통해 고통의 삶에서 벗어나고 싶었습니다.

자살은 실패했고 대신 지체 장애인이 되었습니다. 그리고서야 저는 학교를 떠날 수 있었습니다. 장애인이 되었다는 슬픔보다 학교를 떠났다는 기쁨이 더 컸습니다. 매일 맞지 않아도 된다는 것만으로도 좋았습니다. 그래서 교사가 되기로 했습니다. 부디 저와 같은 학생이 덜 힘들었으면 했고 저와 같은 마음으로 학교를 다니는 학생에게 위로를 해 주고 싶었습니다.

하지만 대학을 다니며 잊었는지 정작 교사로 다시 학교에 돌아가서는 체벌 거부에 대한 생각이 느슨해졌습니다. 점점 왜 교사가 되었는지를 잊는 순간들이 많아졌고 학생들의 성적 향상에 열을 올리게 되었습니다. 그러다 어느 순간부터 체벌을 했습니다. 세게 때리지 않으려고, 딱 한 대만 때리려고, 아주 시끄럽게 잡담하여 수업이 방해되는 경우에만 때리려고 했습니다. 그렇게 합리화하려고 했습니다. 그러나 체벌은 어떻게 해도 체벌이었습니다. 저의 기만적인 모습에 배신감을 느꼈습니다. 아무리 제가 조심한다고 해도 그것은 학생 시절의 제가 겪은 폭력과 다를 바 없었습니다. 다행히 기간이 길지는 않았으나 그 몇 달 동안이라도 저로 인한 피해자가 있었으니 제 잘못은 사라지지 않을 것입니다. 피해자였던 제가 가해자가 되는 데에 그리 오래 걸리지 않았다는 것이 저를 놀라게 했습니다. 그토록 싫었던 교사의 모습으로 변해가는 저를 쉽게 알아차리지 못했습니다. 그 후로 또 변할까 봐 늘 걱정하는 마음으로 매일 애쓰고 있습니다. 그렇게 10년이 지나 지금까지는 체벌을 하지 않고 있습니다. 피해자였던 제 자신에게 미안해지지 않기 위해서 늘 기억하고 잊지 않으려 노력할 것입니다.

또한 체벌만이 아니라 권력에 의한 폭력적인 인간관계도 만들지 않으려 하고 있습니다. 권력의 비대칭적인 관계를 유지하다 보면 또 과거처럼 변할 수 있을 것 같기 때문입니다. 학급이나 동아리 안에서 교사라고 결정권을 크게 행사하지 않고 일인분의 권한을 사용하고자 하고 있으며 규칙을 정하자고 한다면서 벌칙만 정하는 게 아니라 정말 무엇을 함께 지켜야 하는지에 대한 의문에서 출발하고자 합니다. 학생인권조례가 학교 안에서 정착될 수 있도록 교사로서 할 수 있는 모든 것을 하고자 애쓰고 있습니다. 학생이라는 이유로 무시당하는 학생이 없도록, 학생이라고 미성숙하다는 말을 교사들이 서슴없이 내뱉는 일이 없어지게 할 수만 있다면 어떤 일이라도 하고 싶습니다.

제가 하는 노력 중 가장 대표적이고 많은 학생들이 좋아하는 것은 수평적인 언어 사용입니다. 수평적인 언어 사용이란 존댓말이든 반말이든 교사와 학생이 같은 말을 쓰자는 것입니다. 학생들은 학교에서 너무나 당연하게 존댓말로 교사에게 말하고 교사들은 아무런 고민 없이 반말을 사용합니다. 교사와 학생의 비대칭적인 위치만큼이나 서로의 말이 다른 것은 문제라고 느꼈습니다. 관계를 개선시키고 싶은 마음을 표현하기 위해, 그리고 학생들이 교사인 저에게 자신의 생각을 솔직하게 얘기할 수 있도록 학생이 편하게 말할 수 있는 방식을 각자가 정하도록 했습니다. 그래서 많은 학생들과 서로 반말로 얘기하고 있습니다. 최근 들어 제가 하는 이런 행동이 언론에 비치며 많은 분들이 우려하기도 하지만 학교에서 저와 학생들의 만족도는 매우 높습니다. 물론 제 목표는 반말 사용이 아닙니다. 상호 존대이든 상호 반말이든 학생들이 교사에게 자신의 생각을 온전히 전할 수 있는 관계를 만들고 그런 관계에 익숙해지도록 하는 것입니다.

오랫동안 학생들은 체벌이 무서워서 하고 싶은 말을 할 수 없었고 정당한 항의를 해도 태도를 문제 삼는 교사들로 인해 침묵하는 것에 익숙해졌습니다. 진정 민주적인 조직이 되려면 학생과 교사 간의 권력 균형을 이루고 그 안에서 원활한 소통이 가능해야만 합니다. 여전히 학교라는 공간에서 교사의 힘이 큰 것을 확인하며 저의 부족함을 깨달을 때도 많지만 그럼에도 비폭력적이고 민주적인 조직을 이상으로 꿈꾸며 학생들과 여러 시도를 하고 있습니다. 아직 갈 길은 멀지만 저와 학생들의 관계가 많은 분들에게 익숙해진다면 외롭지 않은 길일 것이라 믿습니다.

학생과 수평적인 대화와 관계가 익숙해질수록 그 안에서 자유로워지고 있습니다. 그로 인해 학교에서 학생과 만날 때도 더 즐겁게 되었습니다. 체벌을 했던 그때보다 지금이 더 행복하며 학생들과의 관계도 더 좋습니다. 이젠 아무리 누군가 저에게 교권이니, 훈육이니 하며 체벌이 필요하다 말해도 흔들리지 않습니다. 제가 더욱 행복해지기 위해서라도 교사로서, 그리고 인간으로서 모든 형태의 체벌과 폭력적인 관계 맺기를 거부할 것입니다. 이 약속과 선언은 지금 이 순간부터 영원히 유효할 것입니다.

글쓴이 이윤승

비가 올 때 우산을 쓰느니 두 손의 자유를 위해 비를 맞는 게 나아서 우산을 쓰지 않는 사람입니다.

한 사람 한 사람의 우주가 모여서 서로를 지탱하는 그날이 오면 좋겠다

나는 현재 19세, 대한민국에 살고 있는 학교 밖 청소년이다. 체벌 거부 선언을 모집한다는 소식을 들었을 때, '해야만 하겠다'라고 생각하게 된 이유를 지금부터 이야기해 보겠다.

내 생애 최초의 체벌은 초등학교 2학년, 수학 문제를 틀린 만큼 플라스틱 자로 맞았을 때였다. 당시 담임 선생님은 문제를 틀렸으면 당연히 맞아야 한다며 이를 거부하면 두 대 더 때릴 것이라고 말했다. 수학 문제를 틀린 아이들의 울음 섞인 훌쩍임이 곳곳에서 들렸다. 공포심 때문이었겠지. 이런 상황에서도 선생님은 "다 너희들을 위한 것이다"라고 변명을 늘어놓으며 끝까지 매를 손에서 놓지 않았다. 그리고 항상 뒤늦게 "선생님도 너희가 맞는 것이 마음이 아프다"라고 했다. 맞은 아이들은 종종 "선생님도 불쌍해", "애들이 버릇없이 구니까 당연히 때릴 수 있지"라고 오히려 선생님을 변호하고는 했다. 궁금했다. 어떤 것이 그렇게 아이들을 합리화하게 만들었을까?

이후에도 이런 상황은 여러 번 있었다. 이 중에 내가 느꼈던 가장 강도가 셌던 체벌은 중학생 때 기술·가정 시간에 있었다. 선생님은 수업 시간에 분위기가 어수선하다는 이유 하나로 학생들을 책상 위에 올라가 무릎을 꿇게 하고 허벅지를 빗자루 뒷부분으로 내려쳤다. 아직도 생생한 그 기억. 지금 그 선생님을 만난다면 진심으로 묻고 싶다. 수업 시간에 떠든 것이 멍이 들 정도로 맞을 이유가 되는가? 아니, 그 전에 어떤 행동의 결과로 폭력이 정당해질 수 있는가?

또 중학생 때 음악 선생님은 늘 드럼 스틱을 들고 다니며 여학생들의 가슴을 꾹꾹 찌르거나 남학생들의 급소를 건드렸고, 말을 듣지 않을 때마다 "야구 빠따(방망이)를 들고 와서 패겠다"면서 위협을 했다. 학생들은 무엇인가 잘못되었음을 알았지만 감히 고발할 수가 없었다. 혹시 보복이 돌아올까 두려웠기 때문이다.

"요즘은 오히려 애들이 더 무섭다"라고 말하는 사람들은 사실 체벌을 거부할 수 있는 주체들이 두려웠던 것이 아닐까? 어떤 이를 자신의 뜻대로 휘두를 수 없는 것은 곧 자신의 지위를 상실하는 것과 같다고 생각했던 것이 아닐까?

도대체 무엇이 이들에게 폭력을 행사할 수 있는 권력을 쥐어 주었을까? 우리 사회는 체벌이 이루어지는 것을 막지 않고 드러내지도 않는다. 같은 집에 살거나 같은 교실에 있지 않으면 체벌이 일어나도 모른다. 심지어 체벌하지 않는 사람에게 '때려 봐라,

달라질 거다'라고 부추긴다. 그런 생각을 하면 한없이 무기력해진다.

나에게 폭력이란, 그리고 체벌이란 '어떤 이유로도 납득되지 않는 행동'이다. "말 안 듣는 ○○은 때려서라도 사람을 만들어야 한다"는 말에도 전혀 동의하지 않는다. 우리는 이미 '사람'이다. 진정한 삶과 삶이 만나는 과정에서는 결코 폭력이 등장하지 않는다. 나는 우리 사회가 이 악순환의 고리를 끊을 힘이 있다고 믿는다.

이 글을 쓰는 나, 그리고 이 글을 읽는 모든 사람들에게는 '인권'이 있다. 모두가 체벌을 용납하지 않는 사회를 함께 만들어 나가자. 내가 나로서 바로 서는 그날, 체벌이 사라지는 그날, 한 사람 한 사람의 우주가 모여서 서로를 지탱하는 그날이 오면 좋겠다.

글쓴이 우담

학교를 나와 세상을 배우는 것이 제일 재밌는 자퇴생입니다. 모두를 위한 교육을 만드는 것이 꿈입니다.

적어도 내게 폭력을 행하지 않을 자유는 있지 않은가

스승의 날이자 세계병역거부의 날인 5월 15일, 교육과 평화에 대한 고민과 함께 양심적 체벌 거부를 선언한다!

교사가 된 첫해. 우리 반에는 매 수업 시간마다 큰 소리로 욕을 십수 번씩 하는 학생이 있었다. 권위에 대한 반발심이 굉장히 강했고 학교에서 그런 반발심은 모두 내게로 향했다. 공부도 잘하고 운동도 굉장히 잘하던 그 학생에겐 따르는 학생도 많았고 신규 교사였던 내 깜냥으로는 내 한 몸 주체하기도 벅찼다. 시간이 흐를수록 학급 내 분위기는 그 학생과 나의 기싸움이 되어 갔고 학교 생활은 말 그대로 엉망이 되었다. 그렇게 2학기 중반을 지날 무렵 내게는 '힘으로라도 잡아야겠다'라는 생각이 자리 잡기 시작했다. 매일 저녁 잠들기 전에 '내일은 그 녀석을 때려서라도 잡아야지'라는 다짐을 했다.

"○○, 오늘 남아."

체벌을 해서라도 이 학생을 '잡아야겠다'고 마음을 먹었던 나는 교사 책상 위에 매를 준비해 두었다. 그 학생을 불러 옆에 세워서 이야기를 하기 시작했다. '네가 이러는 건 더 이상 안 된다'라며 이야기를 시작하고 이제, 책상 아래에 있는 매를 들어야 하는데…… 팔이 움직이지 않았다. 마치 내 몸이 아닌 것처럼. 체벌에 '실패'한 나는 그 학생을 그냥 돌려보냈다. 다소 의아한 눈빛으로 집에 돌아가는 그 학생의 등을 보며 착잡한 마음이 들었다. 내가 무능한 교사인 것 같은.

며칠 동안 매일같이 그 학생을 체벌하는 것을 시도했었다. 하지만 매번 내 팔은 들리지 않았고 결국 그 학생을 체벌하는 것을 '포기'했다. 그 이후로 스스로를 안 때리는 교사가 아니라 '못 때리는 교사'로 생각하게 되었다. 그리고 한편으로 안심하기도 했다. 난 아무리 힘들어도 학생을 때리진 않겠구나 하고.

이듬해 나는 학생들과 학부모에게 체벌을 하지 않겠다고 선언하고 한해살이를 시작했다. 하지만 쉽진 않았다. 상대적으로 통제가 안 되는 우리 학급에 대해 불만스러워하는 사람도 많았고 질서 있는 모습의 다른 반을 볼 때면 우리 학급이 부끄러워지기도 했다. 여전히 내 깜냥은 부족했다.

그러던 중, 초겨울이었나? 교무실에 내려갔다 왔는데 한 학생이 엉엉 울고 있고 다른 학생들이 에워싸서 위로하고 있었다.

무슨 일인지 물어보았더니 옆 반 교사에게 꿀밤을 맞았다고 했다. 맞은 학생을 위로하고 자초지종을 더 알아보고 또 수업을 하고 정신없이 하루를 보내고 난 후에 빈 교실에 혼자 남았을 때야 생각이 들었다.

'아, 이제 이 사람들에게 꿀밤 한 대는 큰일이 되었구나.'

학생들이 서로 때리는 일도 줄었다는 걸 깨닫게 되었다. '폭력이 그들에게 폭력적으로 느껴질 수 있게 된 것일까'라는 생각에 반쯤은 뿌듯했고 반쯤은 내년부터 겪을지도 모르는 폭력이 그들에게 더 큰 상처가 될지도 모른다는 걱정이 들었다.

그런 한 해 한 해를 보내며 나는 그 첫해 내가 차마 때리지 '못한' 그 경험에 몇 번을 감사했는지 모른다. 30여 명의 사람들을 한 공간 내에서 몇 시간씩 매일 통제하고 그들이 원치 않는 활동을 하게 하는 것은 굉장히 어렵고 힘든 일이다. 아무리 활동을 재미있게 구성하고 학생들의 관심을 이끌어 내더라도 학생들에게 선택권이 없는 이상 강요이기 때문이다. 강요하는 한 사람과 강요받는 다수의 사람들이 매일같이 벌이는 심리적 전쟁 속에서 체벌은 정말 유혹적이다. 그 유혹을 선택하는 사람과 선택하지 않는 사람은 어떤 측면에서는 별다른 점이 없기도 하다. 하지만 체벌 역시 하나의 행위이고, 행동의 패턴으로 교사에게 새겨지게 된다. 학생에게 평생 남는 상처가 되는 것 역시 당연하다.

학생들은 내가 때리지 않아도 수업 시간에 떠들어서 쳐다보면 '살려 주세요'라고 손을 모아 빈다. "많이 때려 주세요"라며 부탁 아닌 부탁을 하시는 학부모님도 많다. 지금 같은 상황에서는 학생을 때려야 한다고 심각하게 충고하는 교사들도 있다. 학교 밖에서 만나는 사람들도 직업을 밝히면 "나 ○학년 때 되게 많이 맞았는데"라고 말하곤 한다. 즉, 사람들에게 나는 누군가를 일상적으로 때릴 수 있는 존재인 것이다. 숙제를 안 했다고, 복도에서 큰 소리로 말했다고 학생들은 으레 내가 자신들을 때릴 것이라고 생각하고 그런 눈빛으로 날 바라본다. 그 눈빛은 쉽사리 잊히지 않는다. 마치 운전하다가 갑자기 사람을 발견하고 급정거를 했을 때 보행자가 날 바라보는 눈빛처럼 적대와 공포가 담겨 있다.

나는 더 이상 체벌하기를 강요당하고 싶지 않다. 적어도 내게 폭력을 행하지 않을 자유는 있지 않은가. 학생들의 시험 성적이 체벌하지 않고서는 높아지지 않는다면, 학생들이 체벌 없이는 숙제를 해 오지 않는다면 그건 애초에 불가능한 일이 아닐까?

체벌을 하고자 마음을 먹고 시도를 했다는 고백은 사실 이미 마음으로는 그 학생을 수십 번 때리고도 남았다는 부끄러운 고백이다. 부끄러움을 뒤로하고 나는 선언하고자 한다. 진정한 교육을 행하는 스승을 기리는 날이자 평화를 위한 행동인 병역거부를 기리는 세계병역거부의 날인 5월 15일. 교육과 평화에 대한 그간의 고민들의 종합으로 나는 선언한다. 모든 체벌을 하지 않을 것을.

학생들에게 그리고 사람들에게
'사람'으로 보이고 싶은 소망을 지켜 낼 것을
나는 오늘, 선언한다.

2019년 5월, 덧붙이는 글

이 선언문을 쓰고 저는 오해를 마주하게 되었습니다. 체벌을 전혀 하지 않는 좋은 선생님이라는 오해나 이 글에 쓴 것처럼 정말 교사가 체벌을 하지 않으면 학생들이 착해지고 폭력에 민감해지냐는 질문들이었습니다.

'아, 이제 이 사람들에게 꿀밤 한 대는 큰일이 되었구나' 하던 깨달음은 당시에는 저의 절박한 진심이었으나 시간이 많이 흐른 지금 꼭 그렇지는 않다는 생각을 더 자주 합니다. 무엇보다 학생에게 미치는 효과로 교사의 체벌 거부를 고민하는 것은 위선적일뿐더러 무용합니다.

이것은 교사의 체벌 거부 선언문입니다. 그리고 체벌은 교사의 행위입니다. '학생이 어떠한 변화를 보일 것인가'라는 질문보다 '교사가 어떠한 변화를 보일 것'이며 '교사가 무엇은 하고 무엇은 하지 않을 것인가'라는 접근이 더 우선이고 결과에 대한 확인이 가능한 질문입니다.

저는 의지가 나약한 편에 속하기에 스스로를 옭아맬 장치가 필요했고 그래서 이 선언문을 쓰고 공개하였습니다. 그래서 매해 5월 15일이 되면 이 선언문에 발목이 잡힙니다. 내 선언문을 학생이, 그리고 학부모가 읽지는 않았을까 겁이 납니다. 하지만 동시에 지난 1년 동안 학생들에게 어떤 협박을 몇 번이나 했는지, 소리를 얼마나 질렀는지, 혹 간접적 체벌을 하지는 않았는지 돌아볼 수 있게 되었습니다. 그로부터 교사로서의 저의 궤적을 확인할 수 있습니다.

교사는 끊임없이 실패하는 직업입니다. 간혹 성공하더라도 성과를 직접 확인하기 힘듭니다. 그래서 좋은 교사가 되는 것은 포기하였습니다. 다만 언젠가 폭력으로서 학생을 대하지 않는 교사라는 긍지를 가질 수 있기를 간절히 바랍니다. 그렇기에 체벌 거부는 다른 그 누구도 아닌 나 스스로를 위한 소망이자 운동입니다.

2011년 5월 15일에 '양심적 체벌 거부를 선언하는 교사모임' 카페에 게시되고, 《대구 학생인권백서》에 발표된 글을 다듬어 싣습니다.

글쓴이 이희진(진냥)

고양이 세 분을 모시는 초등 교사.
'요즘 학생들 말 안 듣는다면서요' 라는 혐오 발언을 듣지 않고 살고 싶습니다.

학생이 행복해야만
교사가 행복할 수 있으므로

숱한 체벌을 당하고 살아왔습니다. 시험을 못 쳤다고 빗자루로 다리를 스무 대씩 맞는 것은 물론이고 만화책을 사 본다고 해서 기다란 대걸레 자루로 엎드린 자세로 여러 대 맞은 적도 있습니다. 부모님은 때린 뒤에는 늘 사과하고 어루만지시며 '사랑'으로 한 것임을 강조하셨습니다. 그 사랑 자체를 의심한 적은 없지만, 빨리 커서 집을 나가야겠다고 생각한 적은 많습니다.

집에서 많이 맞은 덕분인지 학교에서는 모범생의 위치에서 시작했습니다. 선생님들은 늘 저를 귀여워하고 칭찬하셨지만, 체벌을 피할 수만은 없었습니다. 다른 친구들이 맞는 것을 보는 것 역시 공포스러웠습니다. 체벌로 시작된 교사들에 대한 혐오감은 고3 시절 절정에 달했습니다. 그때 담임 선생님은 유난히도 가난하고 공부 못하는 학생들에게 수치심을 느낄 만한 말로 공격을 하고, 스승의 날이면 학생들에게 대놓고 값비싼 선물을 요구하셨습니다. 교사만은 되지 말아야겠다고 이를 악물고 몇 번이고 다짐했습니다.

하지만 인생이란 참 사람의 뜻대로 되지 않아서, 저는 교육대에 입학하게 되었습니다. 대학에 들어가면 체벌만은 사라질 줄 알았습니다. 그것은 순진한 착각이었습니다. 교수의 책을 사지 않았다는 이유로, 수업 중에 교수가 한 학생을 여러 차례 구둣발로 차는 사건이 벌어졌습니다. 학생들은 가슴 아파하면서도 "어떻게 학생이 선생님께 대들 수 있는가", "아버지 같은 교수님이니까 무조건 참아야지"라고 말하곤 했습니다. 이런 반응이 무섭고 놀라웠습니다. 대학 또한 지금까지 다닌 학교와 다르지 않음을, 나아가 이 사회 전체가 폭력에 무감각하다는 것을 깨달았습니다.

동료 학생들이 교수에게 맞는 것이 당연한 대학을 다니면서 변화를 위한 어떤 노력도 하지 않고 대학 시절을 보냈습니다. 저 또한 폭력을 방관한 또 다른 가해자일 수밖에 없다는 사실을 대학을 졸업할 때 즈음해서야 깨달았습니다. 체벌을 당한 동료 학생들에게 너무나 미안했지만 어떤 일을 해야 할지 떠오르지 않았습니다. 가해한 교수가 더 이상 교편을 잡지 않기를 바라며 탄원서를 내는 것이 고작이었습니다.

공립 학교의 교사가 된 저 역시도 이제까지 혐오하면서 살았던 그 교수들, 그 교사들과 그리 다르지 못했습니다. 화가 나면 머리를 손으로 때리는 일을 생각 없이 저질렀습니다. 이런 저를 바꾼 것은 바로 학생들이었습니다.

넷째 교과서를 안 가져오고 숙제를 해 오지 않은 학생이 있었습니다. 그 학생을 앞으로 불러내 모든 학생들이 지켜보는 가운데 머리에 꿀밤을 세게 한 차례 때렸습니다. 꿀밤을 때린 후, 저는 정말 놀랐습니다. 평온하고 즐거웠던 수업 분위기가, 학생들의 눈빛이 공포와 두려움에 휩싸였기 때문입니다. 심지어 한 학생은 제가 어떤 이야기를 하면, "선생님, 때리실 거예요?"라고 먼저 물었습니다. 지금까지 내가 겪어 온 것과 똑같은 상처를 이 학생들에게 주었다는 것을 그때서야 처음으로 알게 되었습니다. 저지른 일은 주워 담을 수 없기에, 앞으로는 때리지 않겠다고 사과하고 선언하는 것밖에 방법이 없었습니다. 지금까지 늘 '피해자'의 입장에 있었지만, 이제는 '가해자'일 수도 있다는 것을 온몸으로 깨닫게 해 준 사건이었습니다.

그날 이후로 학생들을 만날 때마다 "체벌하지 않겠다"고 약속합니다. 약속을 지키기 위해서 굉장히 노력하지만, 가끔 순간적으로 감정에 휩싸여 약속을 잊어버리는 일이 있습니다. 지금까지 몸에 배인 폭력이기에 심혈을 기울여 노력해야만 행하지 않을 수 있습니다. 그리고 교실에는 큰 변화가 일어났습니다. 지금까지 따돌림과 놀림과 폭력을 주고받으며 살아왔던 학생들이, 이젠 우리 교실에는 그런 일이 없다고 좋아합니다. 학교에 오는 것이 걱정이 되지 않는다고 했습니다. 그런 이야기들을 들으며 교사의 철학과 실천에 따라서 학생들은 학교에 오는 것 자체가 공포가 될 수도 있다는 것을 배웠습니다. 그래서 체벌에 반대하는 삶을 살아야겠다고 다짐할 수밖에 없었습니다. 학생이 행복해야만 교사가 행복할 수 있으니까요.

이렇게 몇 번이고 다짐했지만, 학생을 때린 적이 얼마 전에 있었습니다. 그때 그 학생의 눈물을 생각하면, 그를 때린 제 손을 잘라 버리고 싶은 마음이 듭니다. 정말 고맙게도 그 학생은 저를 이해해 주고 선생님이 싫지 않다고 말해 주었습니다. 저도 사과를 했지만 그 학생의 마음에 상처를 준 죄가 씻기지는 않는다고 생각합니다. 교사는 '가해자'가 될 수 있다는 것을, 학생은 '약자'이자 '피해자'의 위치에 있다는 것을 새기고, 다시 한 번 그 학생에게 공개적으로 사과하고 싶습니다.

미안합니다. 앞으로 나는 어떤 일이 있어도 당신이 나의 학생이라는 이유로 체벌하지 않겠습니다. 앞으로 나는 그 어떤 사람에게도 폭력을 가하지 않겠습니다.

교사 박지선은 양심적 체벌 거부를 선언합니다.

2019년 5월, 덧붙이는 글

이 글을 책에 싣고 싶다는 제안을 받고서 2011년 이후 처음 이 글을 다시 읽게 되었습니다. 고통스러움을 느꼈습니다. 이 글은 기억하고 싶지 않은 제 삶의 기록입니다. 부끄럽게도 이 글을 쓴 후로, 체벌하지 않는 교사가 되었다고 자부하며 이 일들이 마치 없었던 일인 것처럼 잊고 살았습니다. 이 글은 스스로 준 면죄부인 셈입니다. 그것이 얼마나 어이없는 일인지 깨닫는 순간 수치심에 이 글을 외면하고 싶어졌습니다. 용서는 피해자가 하는 행위이지 가해자 스스로 행하는 행위는 아닌데, 저는 스스로 잘못을 용서한 것입니다.

'나는 다른 교사들과 다르다'고 생각하며 살아온 오만함과 기만, 그리고 스스로 용서해 버린 무례함과 간사함을 깨닫자 이 글을 외면할 수 없게 되었습니다. 체벌 거부 선언은 저를 더 나은 교사로 만들어 준 계기이기도 하지만, 정치적으로 올바른 혹은 양심적으로 더 좋은 인간으로 살아가려고 노력하는지 고민하게 만든 나침반이기도 합니다. 이 글을 다시 읽지 않았다면 계속 스스로 좋은 교사라고만 생각하며 살고 있었을 것 같습니다.

10년 뒤, 또다시 이 글을 만날 때의 제 모습은 지금과는 달랐으면 좋겠습니다. 그날의 저는 최소한 가해의 기억을 아무렇지 않게 잊고 살아가는 인간은 아니기를 바랍니다. 그리고 10년 뒤의 세상은 이런 글이 필요가 없는 세상이기를 바랍니다.

2011년 5월 15일에 '양심적 체벌 거부를 선언하는 교사모임' 카페에 게시되고, 《대구 학생인권백서》에 발표된 글을 다듬어 싣습니다.

글쓴이 지선

다양한 가족이 존중받는 세상을 꿈꾸는, 취미가 수업이 되어 버린 시민입니다.

약하니까 때려라? 체벌을 강요받고 싶지 않다

교직 생활을 시작했던 곳은 한 남자고등학교였다. 권력 서열의 최하위인 20대 기간제 여교사였다. 사회 초년생이자 초임 교사로서 학교 생활이 막막하기만 했다. 3월 초, 교무실을 정리하는 일을 서열 최하위인 내가 맡았다. 짐들을 어디로 어떻게 나르는 것인지 몰라 머뭇거리는 모습을 한 남교사가 보더니 학생 몇 명을 데리고 왔다. 그 남교사는 학생들을 처음 만나는 나를 이렇게 소개했다. "선생님은 약하시잖니. 그러니까 너희들이 잘 도와드리도록 해. 이것 좀 저기로 가져가라." 학생들 앞에서 돌연 돌봐 줘야 할 존재가 되어 버린 나는 당황할 수밖에 없었다. 그 남교사는 '이렇게 말해도 되는지 모르겠네요'라든지 '일을 시키기 위해서 잠시 실례되는 말을 했습니다'라든지 하는 말도 없이 돌아서서 가 버렸다.

곧 나에게는 이런 조언이 뒤따랐다. "선생님, 학생들 때려요?" (우물쭈물 대답하자) "때리세요. 안 때리면 여자라고 우습게 안다구. 아주 엉망이 돼 버려." "회초리 없죠? 이번에 두 개가 생겨서 난 하나가 남는데 이거 써요." "○선생, 애들 잘 때리고 있지?" 어린 여교사는 약하고, 그러니 매가 아니면 학생들의 질서를 유지할 능력이 없으며, 그래서 체벌을 해야만 한다는 이야기였다.

하지만 나는 학생들을 때릴 생각이 없었다. 대학생 시절 학원 강사 아르바이트를 하며 학생들을 때려 본 적이 있다. 체벌은 안 하겠다고 생각을 해 왔지만 저희들끼리 낄낄대느라 나를 없는 사람처럼 무시하던 학생들을 보며 '내가 안 때려서인가?'라는 생각이 문득 들었다. 그래서 숙제를 안 해 온 학생들에게 손바닥을 내밀라고 요구하고 때렸다. 그런데 그 결과로 달라지는 것은 없었다. 반응이 더 나빠졌으면 나빠졌지, 그 체벌로써 나에게 권위도 무엇도 생기지 않았다. 그저 그들과 교사와 학생으로서의 관계 맺기에 실패했던 것뿐이었고 체벌은 그 실패를 확인하고 한 단계 더 나쁘게 만드는 것뿐이었던 것을, 이미 경험했던 것이다.

그리고 정작 교실에서 나는 체벌을 할 만한 일을 본 적도 당한 적도 없었다. 관계 맺음에서 어떤 교사가 될 것인지 고민하던 나는 벌을 줄 것과 주지 않을 것의 경계를 다시 생각하기 시작했고 그러면서 보게 되었다. 첫 번째로는 교사와 학교의 잘못과 무능력에서 빚어진 문제 상황이 학생의 잘못으로 빚어진 그것보다 훨씬 많다는 것. 두 번째로는 학생들 사이의 폭력이 교사의 폭력에서 비롯된다는 것. 특히 두 번째 깨달음은 가슴이 아팠다. 이른바 '수업 분위기'에 대한 대화가 시작되면 학생들이 먼저 친구들을 가리키며 “저런 애는 좀 때려요!”라고 요구했다. 문제의 원인이 학생이 아닐 수도 있음을 생각해 보지 못한 이 학생들은 규율에 적응하지 못하는 학생에게 교사인 나보다도 엄격한 기준으로 벌을 주려 했다. 이것은 결국 학생들을 때리던 교사의 기준을 자신의 기준으로 받아들인 것이었다. 교사가 문제 학생을 제대로 징벌하지 않는다고 여기면 학생들이 나서서 그 학생을 징벌하기도 했다. 더디고 애가 많이 쓰이더라도 폭력이 아닌 방법으로 문제를 해결하는 법을 고민해야 하는 이유다.

학생들에게 체벌을 하다가 고발당한 여교사들의 이야기를 가끔 기사로 접할 때마다 나의 첫 학교 경험을 떠올린다. 돌봄당하는 약한 이, 그래서 체벌을 써야만 하는 이의 역할이 지워진 후, 학생들과의 관계 맺음에 실패하고 만 교사의 이야기가 직접 만나지 않았어도 눈앞에 선히 그려진다. 그리고 지금도 매일 접하는, ‘이제 이 학생들과 어떻게 하지?’ 하는 무기력이 느껴지는 내 교실의 어떤 풍경도 떠오른다. 그렇지만 때리는 교사가 된다고 나아지는 것은 없다. 더 나빠질 뿐이다. 내 권한 안에서 할 수 있는 행동이 적더라도, 좀 통솔력 없는 교사가 되더라도, 더 나은 다음 장면이 주어지기를 바라며 기다리고 또 다른 것을 시도해 볼 뿐이다.

글쓴이 두리번

고등학교 국어 교사. 선생 하기 참 어렵다고 늘 생각합니다. 쉬워지는 방법은 아마 없겠죠?

'착한 학생'은 이렇게 만들어졌다

초등·중학생 시절, 교사들은 입을 모아 나를 '착한 학생'이라고 말했다. 성적 좋고, 얌전하고, 조용하고, 말 잘 듣고. 교사가 말하는 '착한 학생'이라는 말엔 대개 이런 의미가 담겨 있었다. 하지만 착한 학생이면 무엇 하랴. 그 '착한 학생'에게도 체벌은 여전했는데.

언제부턴가, 그 시절 기억을 되새기면 항상 체벌만이 떠오른다. 지각을 했다는 이유로 맞고 숙제를 하지 않았다는 이유로 한 시간 동안 독수리 자세를 했던 경험, 시험 성적이 좋지 않다는 이유로 매를 맞은 후 깜지나 반성문을 썼던 일, 수업 시간에 떠들었다며 복도에 무릎을 꿇은 채 손을 들었던 것. 책상을 손가락으로 두드렸다는 이유로 머리를 맞은 적도 있으며 그 외에도 다양한 이유로 오리걸음, 엎드려뻗쳐 자세를 하거나 단소, 당구 채, 드럼 스틱 등 갖가지 도구로 맞았다.

하도 많이 맞다 보니 어느 순간부터는 자연스레, 어떠한 행동 하나를 할 때마다 매번 교사를 떠올렸다. 이거 하면 맞을 것 같은데. 이건 혼나지 않을까? 벌 받겠다. 무서워. 잘못되면 어떡해? 학교생활은 언제나 불안과 걱정, 안도의 줄타기였다.

어느 날, 무슨 이유인지 기억이 나지 않지만, 교사가 내 손바닥을 회초리로 30대 넘게 때린 적이 있다. 그날 저녁, 엄마는 잔뜩 멍든 손바닥을 보며 내게 손이 왜 그러느냐고 물었다.

"맞아서."
"누구한테? 선생님?"
"응."
"아프겠네."
"왜인지 안 물어봐?"
"맞을 짓 했겠지."

나는 조용히 내 방으로 들어와 손바닥을 내려다보며 생각했다. '맞을 짓'은 대체 뭐지? 아무리 생각해도 답은 나오지 않았다. 교사가 나를 때리는 이유는 너무도 다양했다. 교사마다 '맞을 짓'의 기준도 달랐다. 어떤 교사가 나를 때렸던 이유가, 다른 교사에게는 때릴 이유가 아니기도 했던 것이다. '맞을 짓'이 정확히 무슨 뜻인지도 모른 채, 나는 '맞을 짓'을 하면 맞아도 되는 존재로서 살아왔다.

때때로 어떤 사람들은 체벌의 교육적 효과를 이야기하며 체벌의 필요성을 주장한다. 그들의 말처럼 정말로 체벌은 교육적 효과가 있을까? 나는 자라면서 점점 체벌에 익숙해졌다. '또 맞는구나', '벌주나 보다', '그까짓 매, 좀 맞고 말지', '벌 좀 받으면 돼'. 체벌에 무감각해진 나는 내 멋대로 행동하기 시작했다. 하지만 그러다가도 교사나 교사와 비슷한 사람을 보면 흠칫 놀라 겁먹기 다반사였다. 체벌이 나를 스쳐 지나가는 잠깐만 버티면 된다고 생각했지만, 체벌, 그리고 체벌과 관련된 기억, 교사는 여전히 무섭고 두려웠다.

학교 외 공간에서도 마찬가지였다. 저 멀리 교사나 그 유사한 사람이 눈에 띄면 마주칠까 무서워 일부러 길을 돌아가기도 했다. 나를 안 때릴 걸 알지만, 내 몸과 무의식은 이미 체벌로부터 많은 것을 학습한 상태였다. 비청소년이 된 지금도 이 점은 여전하다. 웃었다는 이유로 뺨을 때렸던 교사의 이름, 얼굴, 목소리, 폭력을 행사하던 손까지 전부 생생하게 기억난다. 나에게 '교사'라는 존재는 이미 '공포'로 정의되어 있다.

내 행동 하나하나가 교사의 마음에 들지 안 들지 생각하며 조마조마 지내야 하고, 체벌을 두려워하며 '착한 아이'가 되는 것. 교사를 보고 몸을 떠는 것. 도대체 어디를 보아 교육적 효과가 있단 말인가. 오히려 공포와 고통을 통해 대상을 억누르고 길들이는 쪽에 가깝지 않은가.

초등학교 저학년, 나는 아직도 당시 일을 생생히 기억한다. 난방이 되지 않아 시리도록 추웠던 강당, 바닥에 옹기종기 앉은 같은 반 친구들, 그 앞에 선 키 작은 남자아이, 인상 쓴 표정으로 남자아이를 마주 보고 선 교사, 빈 공간을 가득 채운 정적까지. 고작 30초 남짓 되는 시간 사이 벌어진 일이었다. 교사가, 장난을 치며 떠들썩하게 웃고 있던 애들 중 한 명을 불러 '웃었다'는 이유로 뺨을 때린 것이. 이후 누구도 그 교사의 수업 시간에 웃지 않았다. 모두 입을 꾹 다물고 있다가 수업이 끝난 후에야 안도한 듯 숨을 내쉬었다.

잘 웃다가도 그 교사의 수업 시간이 다가오면 절로 울상이 지어졌다. 나는 내가 왜 그런 일을 겪어야 하는지 이해할 수 없었다. 또한, 교사가 우리를 자신과 동등한 '사람'으로 보지 않는다는 것을 어렴풋이 느끼기도 했다. 그리고 이 모든 것 앞에서 내가 할 수 있는 건 아무것도 없다는 무력감까지. 그해 나는 어서 빨리 방학이 되었으면 좋겠다고 간절히 소망하며 우울한 한 학기를 보냈다.

교사들이 말하던 '착한 학생'은 이렇게 만들어졌다. 이제는 이 두려움의 기억들로부터 자유로워지고 싶다. 다른 사람들은 이런 경험을 하지 않기를 바라며 체벌을 거부한다.

글쓴이 베타

청소년인권행동 아수나로에서 활동하고 있는 20대 비청소년 대학생입니다.

못된 손, 못난 손
- 1997년 체벌 참회록

스물다섯 살에 열여덟 살 남학생들을 가르쳤습니다. 말을 안 듣는다고 생각했습니다. 선배 교사들에게 고민을 털어놓았습니다. 때리는 수밖에 없다고 하시더군요. 교무실 한쪽 벽엔 얇은 거, 굵은 거, 짧은 거, 긴 거, 무른 거, 단단한 거……. 종류별로 다양한 무기(?)가 걸려 있었습니다.

평생 남에게 맞아만 봤지 때려 본 적이 없었는데……. 일단 얇은 거로 시작했습니다. 맞아서 굴종하는 (척하는) 학생들이 생기자 폭력의 단맛에 빠지게 되었습니다. 어떻게 하면 좀 더 아프게 때릴 수 있는지 알아 가는 과정은 '쾌락'의 여정이었습니다. 점차 굵고 길고 단단한 것을 찾아 가더군요.

그러다가 결국 무기를 들지 않고 맨손으로 때리는 쾌락의 절정을 맛보게 되었습니다. 그러나 순간 깨달았습니다. '아, 이건 아닌데…….' 22년 전 내 손바닥으로 따귀를 얻어맞은 그 학생의 눈빛을 잊을 수 없습니다. 그리고 그 폭력에 대해 사과하지 못했던 것이 평생의 부채가 되어 남아 있습니다.

이 지면을 빌어 그 학생에게 진심으로 사과를 하고 싶습니다. ○○야, 미안하다. 그날 선생님의 못된 손을 용서해다오.

스무 살에 부모님이 돌아가셨습니다. 당시 중학생이던 막내 여동생이 가장 큰 충격을 받았습니다. 학창 시절 내내 방황을 하더니 성인이 돼서도 정신을 차리지 못했습니다. 큰오빠인 제가 부모 노릇을 한답시고 달래도 보고 화를 내 보기도 했습니다만 바뀌는 건 없었습니다.

동생은 툭하면 밤늦게 돌아다니다가 새벽녘에 들어오곤 했습니다. 그러던 어느 새벽, 동생이 비명을 지르며 집에 들어왔습니다. 누군가가 칼로 찌르려고 한다는 겁니다. 당장 야구 방망이를 들고 집 밖에 나갔습니다. 다행히 아무도 없었습니다. 그러나 이제 더 이상 참을 수 없다고 생각해 학교에서 학생들에게 그랬듯 여동생에게 엎드려뻗쳐를 시키고 엉덩이를 방망이로 때렸습니다.

그로부터 수십 년이 지났습니다. 이제 그 철없던 여동생도 40대 중년 여성이 되었죠. 부모님 기일에 형제끼리 모인 자리에서 동생이 얘기하더군요.

> "오빠! 그때 날 때린 거 난 아직도 기억나.
> 딸들은 절대 때리지 마."

1997년. 생애 처음으로 사람을 때리기 시작해 여동생도 때렸습니다. 그 이후론 마침 다른 학교로 이직을 해서 사람을 때린 적이 없었습니다. 그렇게 수십 년 동안 체벌 안 하는 착한 교사, 착한 아빠로 페이스오프하여 잘 지내고 있었습니다만, 어느 날 갑자기 온 가족 앞에서 발가벗겨지게 된 셈이었습니다.

부모 잃은 슬픔으로 방황하던 막내를 위로하고 보듬어 주지는 못할망정 밤늦게 돌아다니다가 사고가 날 뻔했다며 화를 내고 매질을 했던 오빠의 못난 손. 그 손에 대해 제대로 사과하지 못하고 평생을 숨기려 했던 위선을 이 지면을 빌어 동생에게 다시 한 번 사과합니다. ○○야, 미안하다. 그날 오빠의 못난 손을 용서해 다오.

글쓴이 진웅용(신나)

22년 전 체벌에 대한 부채 의식에
개인회생을 신청하는 교사이자 오빠입니다.
부디 용서를……

용서를 구하지 않고 잘해 주려 했던 모든 행동은 위선이었다

그냥 음악이 좋았다. 중3 때 담임 선생님이 가고 싶은 고등학교를 말하라기에 예술고라 했더니 말이 끝나기 전에 머리를 맞았다. 고등학교 가서도 음악을 하고 싶어 집과 전쟁을 벌이며 겨우 허락을 맡았다. 대신 사범대 음악교육과에 가는 조건이었다. 교사로 29년째 학교 생활을 하고 있다.

초등학생과 중학생 시절에 육상부를 했다. 매일 선배들에게 맞으며 운동을 했다. 특히 하키부 선배들이 하키 채로 때릴 때 너무나 아프고 힘들었다. 운동장 한복판에서 그랬으니 담당 선생님의 묵인 아래 그랬을 것이다. 운동은 좋아했지만 맞는 것이 힘들어 그만두었다. 고등학생 때는 반 전체가 수업을 하지 않고 운동장에 나가서 담임 선생님에게 밀대 자루와 몽둥이가 여러 개 부러져 나가도록 맞았었다. 그 외에도 선배가 교실에 들어와 폭력을 행사하는 일도 연례 행사였다.

교사로 학교에서 가르치면서 이런저런 이유로 체벌을 하는 나쁜 교사가 되었다. 1991년 발령을 받고 이듬해 중학교 2학년 담임을 했다. 수업 중에 칼로 손목에 상처를 내던 학생을 빈 교실에서 종아리를 10대 때렸다. 1996년에도 고등학교에서 한 학생의 엉덩이를 10대 때렸다. 수업과 담임을 맡았을 때 작은 일에도 자주 회초리를 사용했다. 체벌의 수위를 떠나 맞은 학생에게는 잊을 수 없는 큰 상처가 되었을 것이다. 특히 심하게 체벌했던 두 학생의 이름을 기억하고 있다. 반드시 사죄해야겠다.

1991년 그때 자해하는 학생에게 겁을 주어 당장 멈추게 하려고 선택한 결론이 체벌이었다. 지금 생각해 보면 필요했던 건 따뜻한 위로와 상담이었겠지만, 그때의 나는 그런 생각을 전혀 하지 못했다. 그 학생의 말도 제대로 들어 본 적이 없었던 것 같다. 내 생각으로 판단하고 행동했다. 이제 다시는 같은 행동을 하지 않을 것이다. 고개를 숙일 뿐이다. 당시에 너무 미안해서 연고를 발라 주며 이런저런 이야기를 했는데, 그 말들이 학생을 위한 말이 아니라 내 행동을 위한 변명이 아니었을까 하는 생각이 많이 든다. 잘못을 말하지 않고, 용서를 구하지 않고 잘해 주려고 했던 모든 행동과 말은 위선이라 생각한다.

참으로 늦게까지 손에 뭔가를 들고 있었다. 10년 전부터 학생을 체벌하지 않는다. 체벌은 아동과 청소년에 대한 학대고 폭력이다. 체벌은 반드시 없어져야 한다. 나는 과거를 뉘우치며 청소년과 청년의 인권을 위해 살려고 애쓸 것이다.

학교에서 체벌을 근절하기 위해서는 관련 법 규정을 마련하는 것도 중요하지만 피해 학생들이 피해를 고발하고 가해 교사에게 사과를 받기 위한 운동을 펼쳐야 한다. 학교에서도 신고처를 운영해야 할 것이다. 아직도 체벌이나 폭언을 일삼고 있는 교사가 있다면 반드시 사과를 해야 한다. 그리하여 학생들이 교사의 잘못에 문제를 제기할 수 있고, 잘못한 행동과 말에 대한 제재 조치가 있어야 교사들이 체벌과 폭언을 멈추게 될 것이다.

글쓴이 류주욱

창원예술학교 교사.

체벌을 반대한 나는 '싸가지 없는 년'이 되었다

나는 고등학교에 재학 중인 청소년이다. 초등학교 1학년 때부터 지금까지 교육을 목적으로 한다는 이유로 신체와 각종 도구를 이용한 체벌을 겪어 왔다.

초등학교 6학년 때 있었던 일이다. 당시 담임 선생님은 벌을 단체 기합으로만 주시던 분이었다. 단 한 명의 학생이라도 준비물이나 교과서를 안 들고 오거나 수업 시간에 떠들었다면 반 학생들을 모두 책상 위로 올라가 무릎을 꿇게 하고, 손을 들게 하고, 눈을 감게 한 뒤에 반성을 하라 시켜 놓고 적게는 10분, 많게는 한 교시가 끝날 때까지 우리를 방치해 놓았다. 나는 그때의 분위기를 생생하게 떠올릴 수 있다. 장담할 수 있는 한 가지는 단체 기합을 받던 아이들 중에 반성을 하고 잘못을 뉘우치는 아이는 단 한 명도 없었다는 것이다. 그때 아이들은 공포에 질려 있거나 기합 자체에 대한 짜증 남, 잘못을 한 아이에 대한 분노를 느끼고 있었다. 사실 단체 기합을 한 것 자체는 기억에 남을 만한 일이 아니다. 지금까지 단체 기합을 준 교사는 많았기 때문이다. 그중 이 선생님이 특별히 기억에 남는 이유는 우리에게 기합을 주면서 기합에 대한 불만이 있는 사람은 손을 들라고 하였기 때문이다. 회초리를 휘두르며 큰소리를 지르면서 책상 위로 올라가게 해 놓고는 대체 무슨 불만을 말하라는 건지. 다른 아이들도 공포에 질려 있었기에 손을 들고 불만을 이야기하는 아이는 단 한 명도 없었다. 나도 마찬가지였다. 겁에 질리기도 하였지만 굳이 나서서 화를 사고 싶지는 않았다.

1학기 내내 아무 말도 하지 않다가 2학기 때 처음으로 손을 들고 불만을 이야기했다. 그때 벌을 받게 된 계기는 선생님이 수업 시간에 잠깐 자리를 비운 사이에 몇몇 아이들이 떠들었기 때문이다. 반 아이들이 책상 위에 올라가고 눈을 감았을 때, 선생님은 불만 있는 사람은 손을 들라고 하였고 나는 손을 들었다. 선생님의 체벌 방식에 대해 불만을 토로한 것은 아니었다. 일부가 한 잘못에 대해 전체가 벌을 받는 것은 부당하다고 말했다. 선생님은 나에게 누가 벌을 받아야겠냐고 물었고 나는 모든 아이들이 보고 있는 앞에서 떠든 아이들의 이름을 말해야 했다. 다시 그때로 돌아간다면 아이들의 이름을 말하지 않겠지만 그때의 나는 그게 최선이었다. 그 후로 담임 선생님은 나에 대한 따돌림을 주도했다. 체벌을 반대한 초등학교 6학년의 나는 '싸가지 없는 년'이 되어 있었다.

중학교 2학년 때까지 인권이라는 것 자체를 몰랐다. 그래서 선생님의 기분이 안 좋다는 이유로 수업 시간 내내 기합을 받아야 했어도, 학생 한 명이 떠들었다는 이유로 의자를 걷어차고 우리에게 욕설을 하는 선생님을 보아도, 학급의 성적이 좋지 않다는 이유로 학생을 개돼지라고 부르는 선생님을 보아도, 내가 그런 취급을 받는 것이 당연하다고 생각했다.

인권을 막 알기 시작한 중학교 2학년 때, 같은 반 여학생들과 점심시간에 다 같이 모여 수다를 떤 적이 있었다. 그 수다의 주제가 본인이 당해 본 체벌이었다. 부모님에게 빗자루로 맞아 본 적이 없다는 아이가 없었다. 부모님이 싸우며 물건을 던져서 텔레비전이 깨졌다는 아이도 있었고, 부모님에게 맞아서 피멍이 들었다는 아이도 있었고, 시험 점수가 떨어지면 부모님이 뺨을 때린다는 아이도 있었고, 초등학생 때부터 틀린 개수만큼 회초리를 맞는다는 아이도 있었다. 그때 그애들은 웃으면서 수다를 떨고 있었다. 나는 웃고 있는 아이들을 보면서 소름이 돋았다. 체벌을 받는 것을 너무나도 당연하게 여기고 있었다.

체벌은 당연하지 않다. 체벌은 폭력이다. 이 당연한 말을 사람들은 중요하게 여기지 않는다. 체벌이라는 것은 언젠가 지나갈 어린이·청소년기에만 해당하는 일이기 때문이다. 사회는 청소년이 체벌에 대한 목소리를 내지 못하게 막는다. 드라마나 만화 등 각종 매체에서는 체벌, 밥 굶기기, 집에서 내쫓기 등 어린이·청소년에 대한 학대를 너무나 가볍게 다룬다. 학대를 당하는 어린이·청소년의 입장에서 바라봤을 때는 두렵고 위험하고 굴욕적인 상황을, 학대를 가하거나 지켜보는 어른의 입장에서 가벼운 일, 우스운 일로 다루곤 한다. 그래서 많은 어린이·청소년들이 본인이 겪어 온 체벌이 학대가 아니라고 생각한다. 당연한 일이라고 생각하기도 한다.

부모와 교사들도 체벌이 뭐가 문제인지 모르는 경우가 태반이다. 학기 초만 되면 아이들의 기를 잡겠다고 '예전 같았으면 각목으로 개 패듯 때렸다'고 자랑스럽게 말하는 교사가 한둘이 아니다. 한 번만 생각해 본다면 교육을 위한 체벌이라는 것이 얼마나 모순적인 것인지 알 수 있는데도 우리는 교육을 위해 너무나도 쉽게 납득해 버린다. 체벌이 그토록 효과가 좋다면 왜 어른들에게는 체벌을 하지 않는 것일까.

체벌은 체념을 만든다. 부당한 것을 당연하게 만들고 부당한 것에 대들 용기조차 없애 버린다. 많은 사람들은 이것을 적응이라고 말하지만 이것은 체념이다. 대들어도, 목소리를 내도 절대 바뀔 수 없다는 것에 대한 체념이다.

내가, 후배가, 사촌동생이, 나아가 모든 어린이·청소년이 나와 같은 일을 겪지 않길 바라기 때문에 체벌에 반대한다. 어린이·청소년이 체벌에 대해 저항하였을 때 '싸가지 없는 놈(년)'이라는 말을 듣지 않기를 바라기 때문에 저항하고 말하고 운동한다.

글쓴이 이윤

청소년인권운동을 하고 있는 학생입니다.

폭력을 과거 탓으로 돌릴 수는 없지만, 학생의 현재는 나의 과거와 달랐으면

나는 체벌의 피해자이자 가해자이다. 어릴 때부터 가정과 학교에서 맞으면서 컸다. 잘못한 것이 있으면 맞는 것이 당연한 줄 알았다. 부모님과 선생님의 사랑을 의심해 본 적은 없다. 맞을 때의 더러운 기분과 마음 깊은 곳에 자리잡은 수치심은 그리 오래 기억되지 않았다. 그렇게 자라 교사가 되고, 부모가 되어서 때려서라도 바른 길로 가게 만들어 주어야 한다는 생각을 의심하지 않았다. 그것이 나의 책임인 줄 알았다.

2004년, 교사가 된 지 3년이 되는 해에 고3 담임을 맡게 되었다. 학생들을 위해 최선을 다한다는 생각으로 학교생활에 다소 불성실함을 보이는 학생들도 일일이 상담해 가며 학습 동기를 잃지 않도록 열심히 지도했다. 그러던 중 태수(가명)가 자주 지각하는 일이 발생했다. 태수는 공부하는 것에 큰 흥미를 느끼지 못했고, 학교생활에도 성실하게 임하는 학생은 아니었다. 그렇다고 예의가 없거나 이기적인 성격도 아니었다. 친구들과 놀 때 유쾌했고, 공부만 아니면 담임과도 부딪힐 일이 없었다. 다만 잦은 지각에 대해서 지도가 필요하다는 생각을 하고 있었다. 그날은 유난히 지각한 학생이 여러 명 있었다. 해이해진 학급 분위기에 불편한 마음이 생겼다. 학생들에게 야단을 치고 나서 복도로 나갔는데, 어슬렁거리며 걸어오는 태수를 본 것이다. 순간 이성을 잃었다. 지각하지 말고 성실하게 학교생활 하자고 여러 차례 타일렀던 내 말을 일부러 무시하는 것처럼 생각했던 것 같다. 즉시 태수를 상담실로 데리고 갔다. 그리고 엎드리게 한 뒤 50cm 정도의 몽둥이로 태수의 엉덩이와 허벅지를 여러 차례 가격했다. 맞던 태수가 갑자기 일어나더니 "선생님, 저 그만 맞겠습니다" 하고 외쳤다. 많이 아팠던 것이다. 난 "그래? 좋아 그럼 네 가방 들고 집에 가. 너 같은 놈 안 가르쳐" 하면서 교실에 있던 태수의 책상을 복도로 내놓았다. 태수는 울면서 가방을 들고 집으로 가려 했다. 순간 '내가 지금 뭐 하는 것인가? 내가 교사 맞나?'라는 후회가 밀려왔고, 태수를 붙잡아 다시 상담실로 데리고 들어갔다. 그리고 즉시 태수에게 사과했다. 태수의 얼굴을 볼 수가 없었다.

교사로 살아오는 동안 이 장면이 머릿속을 떠나지 않는다. 생각만 해도 부끄러움에 고개를 들 수가 없다. 그날만큼은 난 교사가 아니었다. 어쩌면 그때 난 교사의 직을 그만두었어야 할지 모른다. 난 내 권위를 비정상적인 방법으로 지키려는 마음과 분노의 감정에 사로잡혀 폭력을 휘두른 것뿐이다. 체벌 없이 학생을 지도하는 법을 수없이 고민했으면서도, 찰나의 순간에 나를 사로잡은 분노는 나를 폭주하게 만들었다. 괴물과도 같았던 나의 또 다른 자아는 어디서 만들어졌을까? 그것은 과거 가정과 학교에서 나를 위한 것이라며 가해진 폭력에서였을 거라 짐작한다. 교육을 빙자한 폭력이 또다시 교육을 빙자한 폭력을 행사하는 사람을 만들어 냈던 것이다. 그러나 과거 뒤에 숨는다고 해서 나의 행동이 정당화될 수는 없다. 그 행동은 명백한 나의 잘못이며 책임이다.

교육은 존엄한 사람과 존엄한 사람의 만남 위에서 이루어진다. 어느 한쪽의 존엄이 파괴되는 순간 교육은 사라지고 폭력만 남게 된다. 사랑하는 자녀에게 매를 아끼지 말라는 성경의 구절을 근거로 체벌을 정당화하는 이가 있다. 그러나 고대 사회의 가족공동체에서 통용되었던 구절을 현대에 그대로 적용할 수 있을까? 구약 성경을 중시하는 유대인들도 오늘날엔 자녀를 체벌하지 않는다. 부모가 책임 있게 자녀를 양육할 것에 대해 말씀한 것을 두고 체벌을 정당화하는 논리로 사용하는 것은 부적절하다.

서로 다른 생각을 가진 사람들이 안전하면서도 존중받는 공동체를 만들기 위해 필요한 것이 무엇인지를 함께 찾아가는 방법을 학교에서 배울 수 있어야 한다. 체벌이 존재하는 한 우리 학생들은 민주주의를 배울 수 없다. 교육의 자리에 체벌이 설 곳은 없다.

글쓴이 김영식

좋은교사운동 공동 대표.

희생양을 찾는 학생들을 만나면 그때의 나를 떠올립니다

당시 저는 '여러분이 이렇게 떠들면 저는 너무 힘들어요'라는 I-Message가 통하지 않아 애먹던 햇병아리 교사였습니다. '중3 학생들은 누구의 말을 집중해서 듣기 어려운 나이인가'라고 생각하기도 했습니다. 그런데 시간표가 바뀌어 들어간 어느 수업 시간, 학생들이 '그림같이' 앉아 있었습니다. 저는 완전히 뒤통수를 맞은 기분이었지요. 그런데 시간표가 바뀌어 제가 들어왔다는 것을 안 순간, 그 그림은 여지없이 구겨졌습니다. "화장실 갔다가 올게요", "물 먹고 올게요". 아무리 기다려도 다시 수업을 할 수 있는 상태로 정돈되지 않았습니다. 갑작스레 분노가 솟았습니다. 내가 '처음 온 사람'이라는 것을 간파한 학생들에게 나는 호구에 가까웠구나. 그래서 그들을 조용히 시키기 위해 떠들고 있지 않은, 오히려 저의 이야기를 경청하고 있는 맨 앞줄에 앉아 있던 학생의 책상을 쓰러뜨렸습니다. 책상 속 책들이 우르루 쏟아졌고, 그 학생은 그 책들을 주우면서 서럽게 울었습니다. 학생들은 일순간 조용해졌고, 저는 학생들에게 분노를 쏟아내었습니다. 그때 학생들이 말했습니다. 원래 이 시간에 들어오던 선생님은 수업을 시작할 때 한 학생이라도 서 있으면 전체 태도 점수를 깎는다고 말이지요. 망치로 또 한 대 맞은 기분이었습니다.

그리고 고민하기 시작했습니다. 불이익이나 엄벌이라는 힘으로 학생을 통제하는 방식이 교육적으로 효과가 있다면, 그 방식으로 수업에 집중해야 한다는 가치가 교육될 수 있다면, 왜 학생들이 그 방식을 쓰지 않는 시간에는 같은 행동을 유지하지 않을까?

그 경험은 질문을 안김과 동시에 트라우마가 되었습니다. 그 학생이 울면서 책을 줍던 모습이 아직도 눈에 선합니다. 학생에게 사과하지 못해 아직도 미안합니다. 이 경험을 쓸 수 있을까 하는 고민 때문에 글을 쓰는 것이 늦어졌습니다.

또, 그 이후로 학생인권에 관심을 갖게 된 것 같습니다. 정글에서 살아남기 위해 센 척하는 것은 희생양을 필요로 한다는 것을 몸으로 깨달을 수 있었으니까요. 제가 누군가 앞에서 센 척하기 위해 약한 존재를 선택했던 최초의 경험으로 말이죠. 그 이후로 희생양을 찾는 학생들을 만나면 그때의 나를 떠올립니다. '저 이는 어떤 폭력으로부터 스스로를 지키기 위해 희생양을 찾고 있을까? 왜 희생양이 되는 사람은 폭력에 대해 무기력한가? 아마도 그것은 우리 모두가 폭력을 당하는 것을 당연하게 생각하며 살기 때문이 아닐까'라는 생각을 하게 되었습니다.

누구나 인간다운 공기 속에서 살 수 있으려면 억압과 폭력이 없어야 합니다. 저는 그 씨앗을 학생인권을 통해 볼 수 있었습니다. 자기에게 폭력을 가한 사람이 교사든 힘센 학생이든 누구든 그에게 책임을 물을 수 있을 때, 희생양을 찾아 대물림하지 않는다는 것. 바로 그것을 학생인권을 통해 배울 수 있었습니다.

이 자리를 빌어 무지몽매했던 시절 저지른 폭력에 대해 다시 한 번 사과드립니다.

글쓴이 조영선(우돌)

학교에서 좌충우돌하는 것을 귀찮아하지 않는, 괜찮은 교사이기보다는 '괜춘한' 인간이고 싶습니다.

때린 아이를 때리는 것은 정의가 아니라는 것을

평소 후회를 잘 하지 않는 성격입니다만, 초임 교사 시절을 떠올릴 때면 늘 낯부끄러워지곤 합니다. 남자중학교에 발령을 받은 젊은 여교사로서, 당시 매일을 학생들에게 지지 말아야 한다는 의지로 출근했던 기억이 납니다. 그때 나는 학생들을 체벌하는 교사였습니다. 내가 가장 엄격했던 순간은, 덩치 큰 학생이 몸집 작은 학생을 괴롭힐 때였습니다. 그 순간만큼은 늘, 참지 못했던 것 같습니다.

"맞아 보니 어때? 너도 아프지? 맞으면 아픈 거야.
다음에 또 이러면 가만히 안 둔다."

지금 생각해 보면 이게 내가 생각한 '정의'였던 것 같습니다. 친구를 괴롭힌 학생에게 똑같은 방식으로 되돌려주는 것 말입니다. 스스로 의협심이 강하다고 생각하고 약자의 인권에 유독 관심이 많았으면서도, 정작 내가 행하는 그 폭력적인 방식이 학생들의 인권을 심각하게 침해하는 행위라고는 인식하지 못했습니다. 당시 중학교 1학년이었던 학생들은 그런 저를 무서워했(던 것 같)고, 적어도 내가 보는 앞에선 같은 행동을 반복하지 않았으므로, 스스로 바른 교육을 하고 있다고 굳게 믿었습니다.

이게 문제가 있다고 느낀 건, 그들을 혼낼 때 내가 자꾸 운다는 것을 자각하기 시작하면서부터였습니다. 나는 도대체 왜 그들을 혼내고 때리면서 우는 것일까. 이 생각은 나를 많이 괴롭혔습니다. 그리고 어느 순간, 나에게 맞지 않는 옷을 입고 있다는 것을 깨달았습니다. 때리면서도 그것이 몹시 괴롭고 불편했던 나는, 2년의 시간이 지난 후에야 비로소 때리는 것을 멈추었습니다. 하지만 이미 그렇게 보낸 시절을 돌이킬 수는 없었습니다. 이후로 그때 가르쳤던 제자들을 만날 때면, 나는 늘 그들에게 사과부터 하고 만남을 시작해야 했습니다.

> "선생님이 그때 너희들을 많이 때렸어.
> 그러지 말았어야 했는데, 그땐 왜 그런 방식으로
> 너희들을 이끌어야 한다고 생각했을까?
> 지금이라도 사과하고 싶어. 미안."

학생들은 그렇게 많이 맞은 기억은 없다고, 좋은 추억이 더 많다고, 다 선생님이 우리를 아껴서 그랬던 것 아니겠냐고, 자기들이 생각해도 그땐 정말 다들 철이 없었다고, 맞아야 정신을 차릴 정도였다고 애써 위로해 주었지만, 그들 앞에서 나는 작은 구멍이라도 있으면 들어가 숨고 싶을 정도로 마음이 불편했습니다.

"내가 잘못했어."
"아니에요, 선생님 잘못이 아니에요."
"맞아도 당연한 사람은 없어."
"맞아야 사람이 되는 경우도 있어요."

이런 대화 패턴은 나를 몹시 지치게 했고, 더 이상 그 제자들과 웃으며 편하게 만나기는 힘들겠다고 생각했습니다.

지금은 체벌을 하지 않고, 체벌에 반대합니다. 하지만 종종 의문을 가집니다. 폭언을 하지 않으면, 물리적인 체벌을 하지 않으면 그걸로 충분한가. 학생들에게 자신들이 원치 않는 일을 억지로 하게 만드는 것은 폭력이 아닌가. 시험 성적이나 생활기록부 운운하며 학생들로 하여금 내 말을 잘 따르도록 하는 것은 폭력이 아니란 말인가. 학교에 있는 이상, 교사의 탈을 쓴 나는 기본적으로 학생들을 억압하는 존재이지 않은가.

하여, 늘 고민합니다. 만약 내가 학생이라면 지금 어떤 기분일까? 이 상황을 자연스럽게 받아들일 수 있을까? 자꾸만 그들의 자리에 나를 대입해 보려 합니다. 내가 들어서 기분 나쁠 만한 말은 하지 않습니다. 내가 당했을 때 합리적이지 못하다고 생각되는

지시나 행동은 하지 않습니다. 물론 힘든 점도 있습니다. 학생들의 말이나 행동에 내가 오히려 상처를 받는 경우도 있고, 동료 교사들과의 관계가 엉망이 되어 버리는 문제도 생겼습니다. 하지만 다시 예전으로 돌아갈 수는 없습니다. 학생들을 함께 배우고 성장하는 동료로 대할 때 큰 행복이 찾아온다는 것을 알아 버렸기 때문이고, 폭력이나 강압으로 누군가의 행동이 변했다면 그것은 진짜가 아니라고 믿기 때문이며, 무엇보다 사람은 누구나 존중받아야 하기 때문입니다.

글쓴이 영실

읽고 쓰고 다니고 마시고 그리는 일을 좋아하는 국어 교사.

번개처럼 다가왔던,
체벌은 폭력이라는 말

"내가 겪은 체벌은?" 하고 떠올리면 하나만 꼽기 어려울 정도로 많은 일들이 기억난다. 왜 맞았는지 기억나지 않을 정도로 그냥 맞거나 단체로 기합을 받았던 적도 많았고, 체벌의 이유가 너무 어이가 없어서 오히려 잊을 수 없는 적도 있다. 예를 들면 중간고사와 기말고사의 시험 성적을 비교해서 떨어진 점수만큼 손바닥을 때리던 교사, 수업 중에 갑자기 질문을 하더니 대답을 못 하면 머리 또는 뒷목을 때리거나 뒤로 가서 손들고 서 있으라던 교사, 쉬는 시간에 교실로 들어와서 소지품 검사와 복장 검사를 하고는 한 명이라도 규정 위반이라 여겨지면 반 학생 전체에게 책상 위로 올라가서 무릎 꿇고 있으라 했던, 그리고 무릎 꿇린 채로 허벅지를 때리던 교사. 이 외에도 영문도 모른 채 단체로 엎드려뻗쳐를 받던 것, 오리걸음을 걸었던 것, 운동장 뺑뺑이를 돌았던 것, 설교(?)와 윽박지름이 섞여 있는 어떤 말들을 견뎌야 했던 것.

가장 끔찍한 것은 이 모든 폭력적인 경험들이 너무나도 익숙한 일상이었다는 점이다. 잘못했으니까 맞아야 했고 맞을 만한 짓을 했으니까 저항할 명분이 없었다. 그건 학생들 사이에서도 마찬가지였다. 힘이 약한 학생은 쉽게 타깃이 되었고 따돌림이나 괴롭힘을 당하는 학생은 그 사람이 뭔가 문제가 있어서 당하는 것이라고 여겨졌다. 뭔가 잘못되었다고 생각하더라도 잠시뿐, 폭력을 그만두게 할 힘이 나에겐 없었다. "그래도 선생님이 우리 잘되라고 그러는 거지", "걔는 애가 좀 그렇지 않아?"라는 동료 학생들의 말에 대해서 무력했다. 어쩔 수 없는 일이었다. 많은 체벌이나 집단 괴롭힘을 목격했고 많이 침묵했다. 어차피 나는 할 수 있는 게 없었으니까.

그래서 "체벌은 폭력이다", "몇 대를 때렸느냐가 중요한 게 아니다. 한 대만으로도 우리의 존엄은 무너진다"라는 말은 마치 번개처럼 다가왔다. 어린 사람에 대한 체벌이 '훈육/교육'이라는 이름으로 정당화되는 사회에서 내가 겪은 일은 당연한 것이었고 어쩔 수 없는 일이었는데, 그게 당연하지 않다는 이야기를 만난 것이다. '맞을 짓'이라는 건 없고 '맞아도 되는 사람'은 없다는 것도 알게 되었다.

내가 겪은 많은 체벌들은 폭력이었다. 하지만 그걸 폭력이라고 인지한 것은 꽤 오랜 시간이 지나서였다. 또 내가 나보다 약한 사람에게 가했던 크고 작은 행동들이 폭력이었다는 것을 깨닫고 내 잘못을 반성할 수 있게 되었다.

나는 체벌 거부 선언을 통해 우리 사회의 어린이·청소년에 대한 폭력이 제대로 근절되기를 바란다. 폭력이지만 폭력이라고 불리지 않는 일들, 문제라고 여겨지지 않던 문제들이 더 많이 이야기되고 드러나기를 바란다. 또 '맞아도 되는 사람'은 없다는 이야기가 당연하게 받아들여지는 사회가 되기를, 폭력에 익숙해지는 걸 거부하는 사회가 되기를 바란다. 그리고 이런 사회를 만들고자 오랫동안 외치고 증언했던 수많은 당사자들과 청소년인권운동을 기억하겠다. 지금까지 많은 사람들의 행동이 있었기에 지금의 내가 이 선언에 함께하고 있다고 생각한다. 나 자신도 폭력 없는 사회, 청소년인권이 보장되는 사회를 만들기 위해 꾸준히 고민하고 행동하고자 한다.

글쓴이 난다

누구도
다치지 않는 성장

잊히지 않는 기억이 몇 가지 있습니다.

하나는 초등학교 4학년 때 있었던 일입니다. 야영을 다녀온 직후였습니다. 야영 기간 동안 친구 어머니의 실수로 우리 반의 간식이 다른 반으로 잘못 들어가는 일이 있었습니다. 선생님은 모두의 앞에서 친구의 어머니의 잘못에 대해 따졌습니다. 그리고 친구를 바라보며 의미심장하게 웃었습니다. 그때 선생님은 그 친구를 바라봤지만, 저는 선생님을 보고 있었기 때문에 그 눈을 기억합니다. 고개를 숙이고 있던 친구는 뚝뚝 눈물을 흘리기 시작했습니다. 그 모습을 지켜보고 있던 저와 몇몇 친구들은 함께 울었습니다. 반 친구들 앞에서 엄마가 비웃음을 샀고, 그렇게 만든 사람이 선생님이라는 사실이 친구를 울게 만들었다고 생각했습니다. 그렇게 두세 명이 울자, 선생님이 물었습니다.

"너희 왜 우니?"

"친구가 불쌍해서요."

"불쌍해? 뭐가 불쌍해? 얘가 엄마가 없기를 해,
뭘 해? 네가 말해 봐, 너 엄마 없어?"

친구는 망설이다 고개를 저었습니다. 선생님은 함께 울던 저와 친구들을 교실 앞으로 나오게 했고, '앉았다 일어서기'를 시켰습니다. 선생님이 그 벌을 통해 저와 친구들에게 가르치려고 했던 것이 무엇인지는 아직도 알지 못합니다.

다른 하나는 초등학교 5학년 때의 일입니다. 시도 때도 없이 〈호랑나비〉 노래를 부르는 친구가 있었습니다. 마르고 유약한 남학생이었고, 우리는 모두 그 학생이 원해서 노래를 부르는 것이 아님을 알고 있었습니다. 그 학생을 괴롭히고 노래를 부르도록 시키는 학생이 있었기 때문입니다. 그날도 여느 때처럼 친구는 〈호랑나비〉를 불렀습니다. 선생님이 화를 낼수록 목소리는 겁에 질렸지만 노래는 멈추지 않았습니다. 평소 그 친구를 괴롭히던 남학생은 하지 말라고 몇 번 이야기하고는, 우리에게 들으라는 듯 외쳤습니다.

"야, 너희들 다 봤지? 내가 시킨 거 아니야.
하지 말라고 하는데 하잖아."

하지 말라고 할 때 노래를 부르라고 시켰구나. 어린 나이였지만 알 수 있었습니다. 어린 제가 알았던 것을 선생님이 모르지는 않았을 것입니다. 선생님은 노래를 부르는 학생을 발로 차 쓰러뜨렸습니다. 유난히 키가 크고 기다랗던 선생님이었습니다. 바닥에 넘어져 팔로 머리를 가리고 웅크린 그 학생을, 선생님은 몇 번의 발길질로 더 내리눌렀습니다. 이후에도 괴롭힘은 멈추지 않았고, 그 학생은 5학년 내내 〈호랑나비〉를 불렀습니다.

잊히지 않는 기억 속의 체벌들은 모두, 교사가 자신의 책임을 회피하고 문제를 해결하는 가장 간단한 방법으로 사용한 것이었습니다. 학생이 왜 우는지, 왜 노래를 부르는지 일일이 따져 보는 것은 민망하고 귀찮았을 것입니다. 그분들은 교사가 됨으로써 학생들을 마음대로 다룰 권위와 내키는 대로 가르칠 권리가 이미 주어졌다고 굳게 믿었을 것이고, 그 권위와 권리를 효율적으로 활용했습니다. 상처를 받아 우는 아이들의 눈물을 그쳤고 거슬리게 하는 아이의 노래를 빠르게 멈췄으니까요. 공포로 덮어 둔 문제들은 사라지지 않고 남아 곪아 갔지만 더는 선생님들의 눈에 보이지 않았을 것입니다. 10년도 더 넘는 시간 동안 제게 흉터로 남은, 그리고 아마 앞으로 더 오랜 시간 동안 남아 있을 이 기억들은 그 선생님들에게는 별것 아닌 일로 잊혔겠지요.

도축장에서 도축업자들은 효율적으로 동물들을 이동시키고 도축하기 위해 주먹으로 내리치고, 장대를 휘두르며, 전기 봉으로 쑤십니다. 이때 중요한 것은 인간의 편리이기 때문에 동물의 고통은 알 바 아닙니다. 교육 현장에서 이루어지는 체벌도 이와 마찬가지라고 생각합니다. 체벌은 교사의 편리를 위해 휘두르는 도구입니다. 교사와 학생은 인간 대 인간, 생명 대 생명으로 만나 서로를 존중해야 합니다. 이 관계에 '효율'이라는 말은 어울리지 않습니다. 느리고 불편하며 때로는 화가 날지라도 상처를 남기지 않는 방법을 고민해야 합니다. 교사이기 때문에 쉽고 빠르게 고민을 마칠 수 있는 것이 아니라, 교사이기 때문에 더 오래, 더 무겁게 고민해야 합니다.

저는 누구도 다치지 않고 성장하는 교육을 추구하는 교사로서, 체벌에 반대합니다.

글쓴이 숨눈

중학교에서 국어를 가르칩니다.

'잘되라고 그랬다'고? 난 잘 크지 않았다

어린이집을 다니면서 친구라는 것을 사귄 적이 없던 나는 자유 시간이 주어지면 반에 있던 물건들을 이용해 혼자 놀아야 했다. 그러면서 몇 번 실수를 저지르기도 했고, 재밌게 논다고 안 쓰던 의자를 이용해 놀기도 했다. 그런 행동을 할 때마다 돌아온 것은 담당 선생님의 체벌이었다. 그렇게 그 어린이집은 그만두게 되었다.

초등학교 입학 후, 방과 후 교실을 다녔다. 또래보다 몸이 약해 자주 아팠는데 그 때문에 준비물을 통지할 때 듣지 못해 못 챙겨 갔던 적이 있었다. 그 이유로 손바닥을 맞았다. 수업 시간에는 수학 테스트에서 틀린 개수대로 손바닥을 맞았다.

그 후 5년이라는 시간이 흘렀다. 다른 지역에는 학생인권조례라는 것도 생겼지만, 나에게 변화한 것은 어린이에서 청소년이 되었다는 사실뿐이었다. 청소년이 되어서도 체벌을 당하거나 그 현장을 지켜보는 사람으로 남아 있었다.

중학교 입학 후 과학 수행 평가를 안 해 온 급우들이 엎드려 뻗쳐를 한 상태로 빗자루로 맞는 것을 본 적이 있다. 고등학생 때는 자습 시간에 사물함에 가거나 자고 있던 아이들을 이유로 반장과 부반장이 대표로 체벌을 받는 것을 지켜보고 있었다. 그리고 같은 해에 영어 단어 테스트에서 반 이상 맞히지 못했다는 이유로 방과 후 시간인 8교시에 등을 자주 맞았던 기억이 난다.

간혹 '요새 체벌을 하는 교사가 어디 있느냐'고 하는 사람들이 있다. 놀랍게도 나는 중학교를 2014년에 입학하였고, 고등학교는 2017년에 입학하였다. 최근에 체벌을 당하고 또 목격한 것이다. 아직도 체벌을 하는 교사들은 있다.

'교사 체벌'이라는 단어를 검색하면 몇 개의 뉴스 기사가 뜬다. 주마다 달마다 새로운 소식이 나오고 사라진다. 2019년 4월에는 경북 포항의 한 중학생이 학교 옥상에서 투신하는 사건이 벌어졌다. 자습 시간에 서브컬처 소설책을 읽는 것을 본 교사가 '성인물을 봤다'며 학생들 앞에서 '얼차려' 체벌을 가했다. 학생은 유서에 '학교에서 따돌림받기 좋은 조건으로 만들어 주셔서 감사하다'는 말을 남기고 세상을 떠났다. 만일 학교에 그이의 이야기를 듣고 공감해 주는 사람이 있었다면 그렇게 떠났을까.

물론 부모 세대에 비하면 체벌이 줄어든 건 맞다. 하지만 줄어들었다고 해서 전혀 없다고 할 수 없고, 지금도 이렇듯 체벌을 당하는 아이들이 있기에 관심을 저버릴 수 없다. 체벌하던 교사에게 "너네 또 선생님이 때린다고 부모님께 이르지 말고……"라는 말을 들은 적이 있다. 그 말은 분명히 학생들에게 입단속을 시키는 말이었다. 학생들끼리도 그 일에 대해 언급하지 않을 정도였다. 그리고 어른들한테 말하면 "우리 때도 다 그러고 살았어"라고 한다. 말해 봤자 상처만 받으니 체념하게 된다.

교사들은 체벌을 할 때마다 이런 말을 했다. "너희 잘되라고 그러는 거야." 우리가 잘된다는 의미가 무엇인가? 높은 성적을 받는 것? 사회적 성공?

만약 내가 체벌을 통해 이렇게 자란 것이라면, 나는 잘 자라지 않았다. 물론 나 스스로는 잘 자라고 있다고 하지만, 그들이 체벌한 이유에 비추어 보면 잘 자라지 않았다. 체벌을 통해서 '더 열심히 공부해야겠다'라는 생각을 한 적이 없다. 오히려 손에 쥐고 있던 것을 하나씩 내려놓았다. 체벌을 받았던 해당 과목에서 우수한 성적을 받은 적도 없고, 사회적 성공의 'ㅅ'도 이루지 못했다. 그리고 지금 이렇게 '체벌에 반대한다'라는, 어른들이 원하지 않는 목소리를 내는 글을 쓰고 있다.

글쓴이 이옌

경남에 거주 중인 열아홉 학교 밖 청소년.

학생인권조례가 있어 다행이야

1980년대에 태어나, 체벌은 나에게 자연스러운 일이었다. 화가 난 아빠가 나를 때릴까 봐 움츠러들었던 순간들, 손으로 때리지 않고 30cm 자로 때리는 선생님을 좋은 선생님이라고 불렀던 일, 전교생 조례에서 학부모회 회장이 교장 선생님께 사랑의 매를 선물하던 모습, 중학생 때 책꽂이 만들 비용을 가져오지 않아서 허벅지가 퍼렇게 되도록 맞아서 돌아온 옆 반 친구의 모습 들이 조각조각 기억으로 남아 있다.

하지만 그 체벌이 정당하다고 생각했던 적은 없었다. 2010년에 경기도학생인권조례가 시행되었다. 학교에서는 여러 불만의 소리가 터져 나왔다. 당시 가장 논란이 되었던 부분 중 하나는 체벌에 대한 6조 2항이었다. 내용은 간단하다. "학교에서 체벌은 금지된다." 일부 교사들은 체벌은 교육의 과정에서 필요할 수 있으며, 이것을 금지했을 때 교권이 추락한다고 주장했다. 교사가 될 사람으로서 부끄러운 목소리라는 생각이 들었다. 사람이 사람을 때리는 것은 폭력에 불과한 행동이라고, 폭력으로 할 수 있는 교육은 없다고 생각했다. 조례가 시행되고 3년 뒤 나는 교사가 되었다.

발령 첫해, 교사로서 가장 부끄러운 기억이 많은 시간이었다. 어느 날은 수업을 방해한 학생을 불러 상담을 했다. 수업이 끝나고 아이와 나 단 둘만 교실에 남았다. 2학기에 전학을 온 몸집이 조그맣고 흰 피부에 큰 눈을 가진 학생이었다. 나는 그 학생이 자신의 잘못을 인정하고, 다시는 그러지 않겠다는 약속을 해 주길 바랐다. 하지만 그 학생은 자신의 잘못은 없다고, 더 이상 대화하기 싫다는 이야기만 반복적으로 말했다. 돌이켜 생각해 보면 당시에 학생은 화가 나서 대화가 불가능한 상태였다. 하지만 나는 학생이 명백한 잘못을 인정하지 않는 것이 이해가 되지 않았고, 나를 무시한다는 느낌이 들었다. 그 순간 절대로 내가 물러나선 안 되겠구나, 이 상황 속에서 이겨야 된다는 생각이 들었다.

나는 아이를 향해서 큰소리로 퍼부었다. "어디서 배워 먹은 버르장머리야." "그래서 니가 잘했다는 거야?" "그렇게 행동하라고 부모님이 가르치셨니?" 말하면서도 믿을 수 없었다. 내 안에 이런 생각이 있었나 싶은 말들이 쏟아져 나왔다. 아이는 조금은 움츠러든 듯이 보였다. 하지만 끝내 잘못을 인정하지 않았다. 나는 옆에 놓여 있던 내 책을 큰 소리가 나게 집어 던졌다. 아이의 눈빛이 흔들렸다. 그 순간 아이의 작은 몸이 눈에 들어왔다. 또 아이보다 큰 몸집과 큰 목소리를 가진, 또 교사라는 이름을 가진 내가 보였다.

그날, 깨달았다. 나 스스로가 체벌과 무관한 사람이 아님을. 내가 성찰하고 노력하지 않으면 아이들에게 무수한 폭력을 저지를 수 있는 사람임을. 그리고 학생인권조례가 시행된 뒤에 교사가 된 것에 대하여 감사하게 되었다. 사회에서 이렇게 단호한 가이드라인을 만드는 것이 얼마나 필요한 일인지도 깨닫게 되었다.

한 인간에게, 교육을 받아야 한다는 이유로 폭력을 가해서는 안 된다. 체벌은 그 어떤 이유로도 교육의 수단이 될 수 없다. 너무도 당연한 이 말들을 스스로에게도 다른 사람들에게도 더 많이 말하고, 더 많이 생각해야겠다.

그러기에 오늘 이 자리에서도 말한다. 나는 체벌을 단호히 반대한다. 체벌이 아이들에게 가르치는 것은 굴종과 폭력뿐이다. 필요한 것은 체벌이 아니라 어른들의 기다림이다.

글쓴이 오늘쌤

성실한 생활인, 그리고 페미니스트 교사.

내 수업을 어떻게 개선할지 학생들에게 배울 기회를 놓쳤습니다

저는 최수근입니다. 현재 연세대학교에서 일하고 있으며, 십수 년 전에는 서울 강서구 인근의 한 영어 학원에서 중·고등학생들을 가르치고 있었습니다. 규모가 작아서 모든 학생들이 서로를 알고 모든 선생이 모든 학생을 알고 있는, 그런 학원이었습니다.

교실은 여러 사람이 모여 있는 장소이니만큼 서로에게 피해를 주지 않기 위한 배려가 필요합니다. 또한 수업을 원활하게 진행하기 위해서는 규칙이 필요하고 이를 지키도록 서로 노력해야 하지요. 우리 학원에도 이런 문제로 고민할 일이 있었습니다. 학생들이 숙제를 하지 않고 지각을 하는 일이 잦아지고 있었던 것입니다. 그래서 저는 일정한 규칙과 이를 어길 시에 따르는 처벌을 고민하고 있었습니다.

당시에도 저는 체벌을 해서는 안 된다는 믿음을 가지고 있었습니다. 학생에게 모멸감을 주지도 않고 신체적 고통도 주지 않을 방법을 생각하다가 제가 행한 최소한의 처벌은 교실 뒤에 서 있게 하는 것이었습니다. 서 있을 때는 특정한 자세를 취하기로 했습니다. 비상구 표지 속의 사람처럼 어디론가 달려가는 자세를 취하거나, 옷걸이에 걸린 코트 같은 자세를 취하거나 했습니다. 학생들은 웃었고, 저는 이만하면 지나치게 무겁지 않은 분위기로 경고를 줄 수 있겠다고 생각했습니다.

시간이 지나자 제 방식은 금방 식상해졌고, 학생들은 다시 지각을 하고 숙제를 안 하기 시작했습니다. 애초에 오래갈 수가 없는 해결책이었지요. 저는 좀 더 강한 벌칙을 생각하기 시작했습니다. 벽을 보거나, 무릎을 꿇고서 손을 들게 하고, 엎드려뻗쳐를 하게 했습니다. 체벌의 강도가 높아지는 건 순식간이더군요. 어느 날 정신을 차리고, 모든 체벌을 중단했습니다. 제 자신이 두려웠고, 체벌에 반대했던 제 의지가 얼마나 나약한지도 깨달았습니다.

체벌을 중단한 데에는 고등학생 시절 경험이 작용했습니다. 고등학교 2학년이던 시절에 저는 야간 학습 시간에 늦었다는 이유로 선생에게 학교 밖에서 엎드려뻗쳐 벌을 받았습니다. 문제는 그 선생이 제게 벌을 줬다는 사실을 잊었다는 거지요. 저는 2시간 가까이 같은 자세로 있다가 결국 어깨 신경을 다치고 말았습니다. 한동안 글씨를 쓰지 못했고, 어깨를 사용한 운동도 하지 못했습니다. 그 선생은 자신이 한 일을 알지 못했습니다. 그리고 저도 선생이 된 후에 제 학생들에게 같은 일을 하고 있었던 겁니다.

저는 첫 단추를 잘못 끼웠다고 생각합니다. 제가 일방적으로 학생들에게 지시하고 명령할 권리를 가지고 있다고 생각했습니다. 결국 저는 학생들이 교실 밖에서 어떻게 살아가고 있으며 어떤 마음으로 교실에 들어오는지, 제 수업에 대해 어떻게 생각하고 있으며 제 수업을 어떻게 개선해야 할지를 학생들로부터 배울 기회를 놓쳤습니다. 체벌의 문제점은 너무도 많습니다. 일방적인 폭력을 정당화시킨다는 점이 무엇보다도 심각한 문제지요. 하지만 동시에 체벌은 선생으로 하여금 본인의 수업을 개선할 책임을 외면하고 모든 문제를 학생에게 전가시키므로 선생의 직업 윤리에 비춰 봐도 부적절합니다.

선생이 학생들에게 주목하라고 요구할 때, 그는 이미 학생들의 시선을 지배할 권리를 누리고 있습니다. 이런 권리들을 당연하다고 여기는 선생은 그동안 학생들에게 일방적인 고통을 주고 있었을지도 모릅니다. 저는 체벌에 반대합니다. 또한 체벌에 반대하는 저 자신의 의지를 끊임없이 의심하고 다잡으려고 합니다. 혹시 제게 상처를 받았을지도 모를 학생에게 사과를 드립니다. 또한 이후에 만날 학생들이 제 권위적이고 일방적인 태도를 바로잡아 주기를 바랍니다.

글쓴이 최수근

연세대학교 강사.

그 손쉬운 길의 유혹을 이겨 내기 힘들었습니다

고등학교에서 16년째 영어를 가르치고 있는 교사입니다. 처음 교사가 되려고 마음먹었을 때는 큰 사명감이나 윤리 의식 없이 안정된 직장 그리고 여유로운 생활을 동경한 것이 큰 영향을 미쳤습니다. 교사가 되기 전에 준비했던 것은 임용 시험에 합격하는 것이지 직업 윤리를 고민한 적은 없었습니다.

막상 임용되고 나서 학교 현장에 가 보니 제가 공부한 것은 정말 무용지물이었습니다. 학생들이 그저 낙후된 시골에 사는 것을 동정하면서 그들을 도와주기 위해서는 학업에 매진하여 좋은 대학에 들어갈 수 있도록 해야 한다고 생각했습니다. 그들을 이등 시민으로 보고 계몽하고 깨우쳐야 한다고 생각했습니다. 폭력은 아이들을 위해 어쩔 수 없이 행사해야 하는 필요악이라고 생각했습니다.

하지만 버트런드 러셀의 저작 《나는 왜 기독교인이 아닌가》

를 읽고 공부하면서 제 생각이 모순이라는 것을 알게 됐습니다. 교육은 학습자의 자율성을 전제로 한 것이고 학습자의 성장을 목적으로 하는 것이며 학생을 한 인격체로서 존중하는 것이 그 기초라는 점을 배웠습니다. 누군가에게 공포를 주어 행동을 바꾸게 하는 것은 교육이 아니라 교정 또는 훈련, 혹은 세뇌가 되는 것임을 알게 됐습니다.

그동안 교육을 가장한 폭력과 세뇌로 학생들의 존엄함을 짓밟고 길들였을 뿐입니다. 임용된 지 3년이 지나서야 그걸 깨달았으니 그간 마주친 수많은 학생들의 피해가 너무도 큽니다. 또 깨달았다고 바로 실천으로 옮겨지는 것이 아니었습니다. 왜냐면 성과 중심의 학교 행정과 문화는 그 자체로 폭력적이며 그 속에서 가장 손쉽게 성과를 내는 길은 폭력이기 때문입니다.

그 손쉬운 길의 유혹을 이겨 내기 힘들었습니다. 직접적 폭력, 즉 신체적 폭력을 쓰지 않더라도 주어진 교사로서의 권한을 최대한 이용하며 학생들의 자유를 침해했습니다. 또한 과거의 폭력적 성향을 자랑하듯 말하며 학생들이 말을 듣지 않으면 언제든 과거로 회귀할 수 있다고 위협했습니다. 교육자로서 부끄러운 나날이었습니다.

저는 이후 인권과 민주주의 그리고 자치를 공부했습니다. 그리고 이제야 교육은 인권의 일부임을 알았고 인권의 보장을 위해 교육이 필요함을 알았습니다. 체벌은 인간의 존엄함을 짓밟는 반인권적 행위이며 반교육적 야만임을 깨달았습니다. 체벌을 하지 않더라도 체벌할 수 있다고 협박하고 암시하는 것도 마찬가지임을 알았습니다. 이에 제 자신의 부끄러운 과거를 반성하고 용서를 구하며 앞으로 더 인권적이고 민주적인 학교를 만들기 위해 함께 할 것을 약속합니다.

글쓴이 비비새시(고영주)

전북 고등 교사. 비남성 비청소년 새벽바다 시골잡학덕후.

천사 선생님은 정말 아무것도 할 수 없었을까

겨우 학교에 적응하고 두 번째 학년을 맞이한 아홉 살 때, 학교가 너무 무서웠습니다. 선생님은 반 친구들이 조금만 마음에 들지 않아도 소리를 질렀고, '문제 행동'을 하는 학생은 자가 부러질 때까지 때렸습니다. 교실은 언제든 폭력 상황이 일어날 수 있는 긴장 상태의 공간이었습니다. 선행 학습을 하지 않았던 저는 구구단에 대해 알지 못했습니다. 하지만 선생님은 다음 날까지 바로 구구단을 다 외워 오라 했고, 하교 후 눈물이 자꾸 나는 상황 속에서도 구구단을 계속 외웠습니다. 혼나는 것이 너무 무서웠기 때문입니다. 구구단을 겨우겨우 외워 갔지만, 더듬더듬 외운다는 이유로 팔뚝에 빨간 자국이 남도록 맞았습니다.

매일 맞는 건 아니었습니다. 하지만 짝꿍이랑 이야기하다가 "너는 요주의 인물이다! 이 문제아야!"라는 호통을 듣기도 했고, 가방을 의자 밑에 넣어 두지 않으면 멸시의 눈초리를 받으며 곧바로 가방을 의자 밑으로 밀어 넣어야 했습니다.

매일 가는 학교라는 공간에 '나'는 없었습니다. 나에게 어려운 것일지라도 다른 친구들과 똑같이 해내야 했고, '정상적으로' 해내지 못하면 자로 맞거나 말로 맞거나 눈빛으로 맞거나 분위기로 맞았습니다. 맞지 않기 위해 몸과 마음을 웅크려 갔고, 위축이란 감정은 무시무시하게 커져만 갔습니다.

신체검사 날 선생님이 상의를 다 벗으라고 했습니다. 이유는 몰랐지만 우리는 민망해 서로 키득키득 수다를 했고, 같이 있었던 옆 반의 때리지 않는 '천사 선생님'은 난처한 듯 어색한 미소를 띠고 있었습니다. 그때는 '천사 선생님도 어쩔 수 없었을 거야'라고 생각했습니다. 하지만 시간이 흘러 그 일을 떠올릴 때면, '천사 선생님은 정말 아무것도 할 수 없었을까'라는 생각이 들었습니다. 그래서 다짐했습니다. '나는 교실의 그 어떤 폭력 상황도 가만히 보고 있지 않아야지' 하고 말입니다.

12년이 흐르고 학교에서의 체벌이 금지된 지금, 물리적으로 때리는 행위가 줄었을 뿐이지, 말로 눈빛으로 분위기로 교실 속 존재들을 너무도 쉽게 '혼쭐'내고 '통제'하는 행위는 여전히 존재하고 있음을 교생 실습을 가서 아플 만큼 명확히 느낄 수 있었습니다.

수업 시간 복도에서 큰 소리가 들리자 담임 교사가 교실 문을 벌컥 열고 "야!"라고 소리를 쳤습니다. 너무 놀라 몸이 굳은 저를 보며, 학생들은 키득키득 웃으며 '순진한 교생'을 걱정했습니다. 누가 들어도 놀랄 것 같은 큰 소리에도 단 한 명의 학생도 놀라지 않는 상황이 아팠습니다. 폭력에 무뎌졌다는 사실에 눈물이 나올 것 같았습니다.

샌드위치를 만드는 수업 중, 한 어린이가 실수로 물을 쏟아서 짝꿍의 바지가 젖자 담임 교사는 "야 ○○○! 니 옷 벗어서 재줘!"라고 소리쳤습니다. 실수였습니다. 어쩔 줄 몰라 하는 모습을 보며 마음이 너무 아팠습니다. "일부러 한 거 아니고 사과도 했으니까 괜찮아요. ○○도 괜찮다고 했구요! 괜찮아요, 괜찮아요." 당황한 학생 옆에 가서 조용히 괜찮다 말하는데, 아홉 살의 제가 봤던 천사 선생님이 생각났습니다. 나도 다르지 않구나, 그 선생님과 똑같구나, 라는 생각이 들자 죄책감이 들고 부끄러워 교실을 뛰쳐나가고 싶었습니다. '나는 그러지 말아야지' 하고 다짐했던 마음들이 무너지는 순간이었습니다.

이 글을 적는 지금부터, 다시 다짐하고, 이번에는 꼭 무너뜨리지 않으려고 합니다. 그 어떤 이유로도 '통제할 권리'가 '나로서 자유로울 권리'보다 위에 있을 수는 없습니다. 함께 있는 공간에서 발생하는 폭력을 방관하는 것도 거부합니다. 제가 존재하는 모든 상황에서 체벌을 거부하는 행동을 할 것입니다. 이 선언은 아홉 살의 저에게 건네는 말이기도 합니다.

글쓴이 여름

어린이들과 함께 일상을 바꾸어 나가는
초등 교사가 되고 싶습니다.

몽둥이를 놓으니 내가 보였다

'사랑의 매. 때려서라도 인간으로 만들어야 하는 것이 교사의 소명.' 첫 발령을 받고 등교 지도를 하기 위해 몽둥이를 들고 교문 앞에 서 있던 나의 태도다. 사람이 만드는 것이 옷이건만 옷이 사람을 만든다는 생각을 했다. 그래서 등교하는 학생들의 교복 착용 상태를 머리끝부터 발끝까지 순식간에 훑은 후 복장이 불량한 학생들은 교문 옆에 엎드리게 했다. 상습적으로 복장이 불량한 학생에게는 횟수에 따라 엉덩이에 몽둥이찜질이 이어졌다. 지각 횟수에 따라, 틀린 문제의 개수에 따라, 수업 중 지적당한 횟수에 따라 학생들의 발바닥에서 몽둥이는 춤을 추었다. 학생을 위하는 마음으로 열심히 그렇게 했다.

2년쯤 그렇게 하던 중, 군대에서의 기억이 나를 흔들기 시작했다. 많이 맞았고 얼차려도 많이 받았다. 바짝 군기가 든 군인이 되어야 한다면서 군대는 나를 때렸다. 나의 자존감은 뭉개졌고 그 수치심과 분노는 다른 하급자를 향하고 있었다.

내 몸이 그것을 기억하고 있었다. 몽둥이를 들고 있는 나에게 그 기억은 말했다. '너는 지금 무엇을 하고 있나.' 하지만 두려웠다. '손에서 몽둥이를 놓으면 어떻게 교육을 하지? 혹시 학생들이 내가 하는 말을 우습게 알지 않을까? 말로만 하면 교육이 되나?' 몽둥이를 거부한 뒤 내가 할 수 있는 것은 아무것도 없을 것만 같았다. 결국 몽둥이를 놓으면서 필요한 것은 '공부'였다. 내가 가진 것이 무엇이고, 내가 버려야 할 것은 무엇이며, 내가 알아야 할 것은 무엇일까? 그리고 내가 실천해야 할 것은 무엇일까?

그 뒤로 20년이 흘렀다. 노동운동, 교육운동, 환경운동, 청소년인권운동, 인권운동, 페미니즘운동, 장애운동 등 이 사회를 바꾸고자 애쓰는 많은 분을 만나서 배우고 함께 고민하면서 책을 읽었다. 그리고 교실이라는 공간을, 수업이라는 행위를, 교사가 학생과 맺고 있는 관계의 실체를 다시 들여다보려고 했다. 교실에서 이성애중심주의, 가족주의, 가부장주의 사회가 나이 든 정규직 남성에게 부여한 권력을 어떻게 해체할 수 있을지 고민했다. 이를 통해 작게나마 나름의 실천을 시도할 수 있었다.

'조회와 종례가 필요한가? 필요하다면 왜 필요하고 어떻게 진행해야 하지? 매 수업 시간은 어떻게 시작해야 할까? 차렷-경례, 공수-절은 군사주의의 잔재가 아닌가? 수업 시간의 '시작'은 어떤 의미를 가져야 하지?'

'학교가 공동체라는데 왜 공동체지? 공동체라는데 왜 의사결정 과정에서 학생은 배제되어 있지?'

'교사와 학생은 어떤 관계여야 하지? 가르친다는 행위는 무엇이며 혹시 이 행위가 학교에서는 권력이 되어 있지는 않은가? 수업 중에 자는 학생은 깨워야 하나? 지금 사회에서 말하는 '교권'이라는 것은 또 다른 '교사 권력'을 의미하고 있는 것은 아닐까?'

'학교에는 여성과 남성만 있나? 학생 중에 성소수자가 있다면 이 학교는 그들에게 안전한가?'

'수업 중 혹은 쉬는 시간 중에 사회적 소수자들을 향한 혐오와 차별의 대화 혹은 발언을 들었다면 어떻게 해야 하지?'

'학생들이 교무실이나 교실을 '청소'하는 것에는 어떤 의미가 있지? 학교 안에서는 '교육'이 되고, 학교 밖에서는 '아르바이트'가 되는 이 차이는 뭘까?'

'학생들은 하루의 많은 시간을 교실에서 보내는데, 교실이라는 공간은 어떤 공간이어야 할까? 교육을 시키기 위한 공간이 아니라 생활 공간으로서 교실은 어때야 할까?'

'학생 생활 규정에는 왜 학생 처벌과 통제에 대한 내용만 있지? 개인의 신체에 대한 자율권과 그 자율권을 통제하려는 학교 규정의 관계에 대해서는 어떻게 생각해야 하나? 그리고 학교는 왜 유독 여성 청소년의 몸에 대해 더 엄격한 통념과 촘촘한 두발 복장 규제로 통제하려고 할까?'

'학생만 청소년인가? 청소년은 누구일까? 그리고 청소년에 대해 어떻게 생각해야 할까? 어떻게 만나야 할까? 그리고 무엇을 함께 해야 할까?'

몽둥이만이 문제가 아니라 내가 지내 왔던 삶의 행태 그 자체가 '몽둥이'였다는 것을 알 수 있었다. 많이 부끄러웠고 지금도 생각하면 부끄러운 마음이 아직 크지만 그나마 조금씩 달라지는 나를 만들어 가려고 애쓰고 있다.

몽둥이를 놓으니 내가 보였다. 몽둥이가 곧 체벌만을 의미하지 않는다. 나이와 성을 바탕으로 하는 위계 속 권위와 그 권위를 앞세운 언어폭력, 친밀을 가장한 강요, 이분법적 잣대, 원래 그런 것이라는 허울을 뒤집어 쓴 맨박스Man Box 등도 몽둥이와 다를 바 없다.

"차별하지 않는 것이 곧 평등을 의미하지 않는다. 적극적 실천만이 평등을 의미한다."

체벌 거부 선언은 몽둥이를 거부하는 것을 넘어 인간답게, 안전하게 자신의 삶을 살겠다는 의지의 표현이자 실천인 셈이다. 앞으로 내 삶에 20년이 더 주어진다면 또 다른 체벌을 온몸으로 거부하는 작은 실천을 계속할 것이다.

글쓴이 이용석(톨)

억압하는 모든 것에 저항하려고 애쓰는 교사입니다.

'건방진 생각'

초등학교에 입학해서 학년 내 유독 무섭다는 '호랑이' 교사의 반이 되었다. 칠판 옆에 걸려 있는 커다란 나무 몽둥이, 교탁의 연필꽂이에 꽂혀 있던 부러진 플라스틱 지시봉. 초등학교 1학년 교실에서 처음으로 본 건 회초리였고, 처음 배웠던 건 내가 잘못하면 저걸로 맞을 거란 사실이었다.

"학생은 복도에서는 왼쪽으로 다니고, 글씨를 쓸 때는 오른손으로 연필을 잡는다." 우리 반의 규칙이었다. 반에서 유일한 왼손잡이인 남자아이는 주먹 쥔 왼손을 테이프로 묶여야 했다. 교탁 바로 앞에 앉아 교사의 감시 아래 오른손으로 필기를 하고 밥을 먹어야만 했다. 오른손을 제대로 쓰지 못하면 회초리로 맞았다.

그 애가 혼날 때마다 얼어붙는 교실 속에 있으면서도, 색칠 공부를 하면서 노래를 흥얼거렸다가 교실 전체가 기합을 받을 때도, 숙제를 하지 않아서 돌아가며 손바닥을 맞을 때도, 내가 느꼈던 감정은 공포와 불안감, 수치심이었지 교훈과 반성은 절대 아니었다.

가해의 강약을 넘어, 이런 체벌이 교육이란 이름으로 포장되어 청소년을 억압하는 도구로 사용된다는 것을 이해할 수 없었다. 부모에게 내 경험을 털어놓고 체벌에 대해 논쟁했더니 '건방진 생각'이냐 한다는 소리를 들었다.

중학생 때 교사들의 성희롱 발언과 체벌에 문제를 제기한 적이 있다. 수업 시간에 말한 적도 있고, 다른 학생들 몇 명과 함께 포스트잇에 써서 화장실에 몰래 붙이기도 했다. 하지만 교사들은커녕 학생들마저도 "그게 무슨 인권침해냐", "그렇게 해 봤자 바뀌는 것도 없다"라고 말했다. 영향력이 강한 소위 '일진'이라는 학생들이 직접 포스트잇을 떼고 칼로 난도질하고, 한 학생을 주동자로 지목하고 괴롭히는 일까지 벌어졌다. 교사들이 교내 방송을 통해 "누가 붙이는지 당당히 밝히며 붙이라"고 말해서 교무실로 찾아가 포스트잇을 떼고 괴롭히는 학생들을 제지해 줄 수 있느냐고 묻자 그건 어떻게 해 줄 수 없다고 했다.

교사들은 수업 시간 등에서 포스트잇을 붙이는 행위는 불법이고 방식이 잘못되었다고 비판했다. 그러면서도 학교는 우리의 포스트잇 붙이기 행동과 우리가 제기한 성희롱과 체벌 문제에 대해서 의견을 나눌 수 있는 창구나 공론장을 만드는 행동은커녕 공식적인 입장도 전혀 밝히지 않았다. 결국 괴롭힘을 당하던 친구가 졸업을 앞두고 학교를 다니지 못하게 됐다. 대자보를 붙여도 학생들이 보기 전에 바로 떼어졌다. 대자보를 붙이는 것은 학생의 표현의 자유라는 것을 알리는 내용으로 글을 썼다. 재학생들이 바통을 이어받기를 바라는 마음이었다. 졸업식 날 A4 용지에 인쇄해서 1, 2학년 게시판에 붙이고 학교를 나왔다. 졸업한 해 가을에 학교 안에서 다시 학생들의 문제 제기가 시작돼서 미약하게나마 돕기도 했다.

앞으로 가야 할 길은 멀고, 현실이 그렇게 쉽게 바뀌지 않을지도 모른다. 하지만 나는 내 '건방진 생각'을 멈출 마음이 없다. 지금 있는 자리에서 폭력을 막기 위해 늘 노력할 것이다. 여러 권력관계들 사이에서 폭력의 피해자이고 동시에 방조자이자 가해자였던 내 모습을 항상 반성한다.

글쓴이 삼사

경남의 피곤한 청소년입니다. 소수자로 사는 건 힘들고 재미있고 힘들어요.

초등학생도 동료 교사도 똑같은 사람으로 대하기

나는 체벌이 공기처럼 당연한 시대에 초·중·고등학교를 다녔다. 짧게는 하루 6시간, 길게는 15시간 동안 연간 200일 남짓 출석해야만 했던 학교. 거기서 체벌 사건이 단 한 번이라도 일어나면, 나는 몇 주 동안 학교에 가고 싶지 않다는 우울감에 시달렸다. 초등학생 때 담임 선생님이 축구공을 내 얼굴을 향해 차 뺨을 맞았던 일, 중학교 때 담임 선생님이 내 등을 손바닥으로 세게 쳤던 일, 고등학생 때 담임 선생님이 내 뺨을 세게 후려쳤던 일. 이런 체벌들은 신체적으로도 너무나 아팠지만 이로 인한 모멸감과 수치스러운 감정도 쉽사리 사라지지 않았고, 십여 년이 지난 지금까지 괴로운 기억으로 남아 있다.

나도 교사로서 체벌을 가한 순간이 있었다. 화재 대피 훈련 중 떠들던 학생의 등을 손바닥으로 때린 일이다. 대피 훈련을 마치고 교실로 돌아와 내 잘못을 짚으며 체벌을 당한 학생과 그 모습을 본 모든 학급 학생들을 향해 고개 숙여 사과했지만, 무겁고 조용해진 교실 분위기는 쉽게 회복되지 않았다. 그 순간 내 잘못을 되돌릴 수 있는 방법은 없다는 것을 깨달았다.

그 후 내가 저질렀던 체벌과 같은 폭력적인 일이 다시 벌어지지 않도록 학생들을 내가 공적인 공간에서 만나는 다른 사람들과 '똑같은 사람'으로 대하려고 애쓰고 있다. 학교에서 만나는 다른 교직원과 비청소년 노동자에게 하는 것과 똑같이 학생에게 반말을 쓰지 않고, "○○ 씨"와 같이 존칭을 붙여 부르고, 부탁을 할 때는 공손히 하고, 대화를 나눌 필요가 있으면 양해를 구하고 시간을 내준 것에 대해 감사함을 표한다.

그리고 교사이자 비청소년인 내가 학생들에게 위계·위력을 통해 불편함을 끼친 적은 없는지에 대해 묻는 무기명 교사 평가지를 매 학기 받고 있다. 그동안 내가 고쳐야 할 많은 폭력적인 습관들이 평가지를 통해 나왔기 때문에 부끄럽기도 하지만 꽤 효과적이라 생각하고 있다. 이렇게 학생들을 다른 사람들과 똑같이 대한다는 것은 너무도 당연한 일이고 실천이라 말하기도 부끄러운 일이다. 하지만 이런 작은 실천으로 학생들이 학교를 보다 비폭력적인 공간으로 느낄 수 있다고 생각한다.

체벌을 금지하는 많은 법이 존재하고 있지만 여전히 체벌은 쉽게 일어나고, 가해자는 쉽게 처벌받지 않는다. 여기에는 체벌에 경각심을 갖지 않고 그것을 쉬쉬하는 교사들의 책임도 있다고 본다. 학교를 다니는 학생에게 우리 학교나 우리 지역에서 체벌 사건이 벌어지고 있다는 사실은 언젠가 체벌이 우리 반이나 나에게도 향할 수 있다는 불안감을 줄 수밖에 없다. 내가 학창 시절 겪었던 심각한 우울감이 여전히 학생들을 짓누르고 있을지도 모를 일이다.

그렇기에 인간에게 모욕감을 주고, 공동체의 평화에 대한 신뢰를 잃게 만드는 체벌을 저지르지 않겠다는 교사들의 선언이 많이 필요하다고 생각한다. 나는 체벌 거부 선언이 전국의 교사에게 들불처럼 퍼져 나가길 바란다. 그리고 가장 가까이에 있는, 나와 같은 시공간을 공유할 학생들이 마음 놓고 학교를 다닐 수 있길 바라며 교사로서 모든 형태의 체벌을 거부할 것을 선언한다.

글쓴이 광흠

어쩌다 교사가 돼서 어쩔 줄을 모르겠는 상태로 3년 반이나 살아온 사람입니다.

학창 시절에 회초리나 채찍으로
매를 맞았던 이들은 거의 한결같이
그 덕에 자신이 더 나은 사람이
되었다고 믿고 있다. 내가 볼 때는
이렇게 믿는 것 자체가 체벌이 끼치는
악영향 중에 하나다.

버트런드 러셀

3부
어린 시절을 기억하기에

어린이·청소년과 연대하는
사람들의 체벌 거부 선언문

저는 당신이 만들어 내는 모범 답안을 거부합니다

2011년 5월 15일, 청소년으로서 두 명의 교사와 함께 체벌 거부 선언을 한 적이 있습니다. 이게 벌써 8년 전이네요. 어느새 매번 듣던 "나중에 크면"의 날이 왔습니다. 지금 저를 때리는 교사는 없습니다. 예전에는 체벌을 당하고 운 적도 있었지만, 지금은 얼마나 아팠는지 잘 기억이 나지 않습니다. 이렇게 시간이 지나고 나이를 더 먹으면 점점 체벌은 제 기억 속에서 완전히 지워질까요?

하지만 아직 남아 있는 기억이 있습니다. 교사가 매를 집어 들면서 "앞으로 나와", "이리 와"라고 할 때의 마음 덜컥이던 기억. 옆 사람이 먼저 맞는 모습을 보면서 '곧 나도 맞겠구나'라고 두려워할 때의 기억. 무엇보다도 매를 맞기 직전, 피하고 싶은 마음을 억누르고 몸을 옥죄일 때의 그 기억. 교사들은 친절하게도 "맞는 게 무서워서 피하려 들면 더 아파. 차라리 쫙 펴고 딱 맞는 게 덜 아파"라고 조언해 주곤 했습니다. 뼛속까지 모범생인 저는 교사가 알려 준 정답을 의식하고 쫙 펴기 위해 노력했습니다.

이런 것들이 아픔보다도 더 생생하게 살아 있는 이유는 아직도 비슷한 것을 느끼기 때문입니다. 잘못을 저질렀을 때, 상대방이 누구인가에 따라 제 마음은 달라집니다. 상대방이 나보다 나이가 많은 어른이면 죄송함과 함께 혼나지 않을까 하는 두려움을 느낍니다. 상대방이 화를 낸다면 항의를 하는 것인지 꾸중하는 것인지 헷갈릴 것입니다. 혼나는 것, 꾸중을 듣는 것은 사과를 요구받는 것, 항의를 당하는 것과는 다릅니다. 몸을 옥죄어야 하기 때문입니다.

교사는 수업을 진행하며 '모범 답안'을 가르치는 것처럼, 체벌을 하면서 '모범 답안'을 내려칩니다. 그것이 저 개인에게 얼마나 유효한 답인지 알 수 없더라도, 일단은, 모범 답안이므로 받아들여야 합니다. 그러기 위해서는 몸을 옥죄어, 자신의 마음을 가두어야 합니다. 고백하자면 저는 혹시 아직도 따라야 하는 모범 답안이 있지는 않을까 전전긍긍하고 있는 것입니다.

온갖 부조리와 갑질에 신음하는 사람들을 보면 체벌을 받던 저의 모습이 떠오르곤 합니다. 저와 마찬가지로 몸을 옥죄고, 모범 답안을 하사받고 있는 것 같습니다. 이 사람들도 어쩌면 갑질을 당하기 전에 미리 갖다 바치는 셀프 갑질을 해야 하나 생각할지도 모르겠습니다. 우리는 어쩌다 옛날 흑백 영화 〈모던 타임즈〉에 나오는 노동자처럼, 몸이 자동으로 옥죄여지게 되었을까요. 제가 노동자가 된다면, 갑질을 거부하지 못할 것만 같습니다.

모든 어른이 제게 모범 답안을 내려치려 드는 것은 아님을 고등학교를 졸업한 후 6년 동안 경험했습니다. 잘 알지도 못하면서 섣불리 짐작하려 들면 그분들에게는 실례가 될 것입니다. 어른이라는 이미지에 휘둘려 그런 분들과 사람 대 사람으로 인연을 맺을 수 없다는 것이 아쉽게 느껴집니다. 하지만 그러면서도 저는 그분들을 자꾸 어른으로만 봅니다. 저도 모르게 점점 공손해집니다. 제 몸에 남아 있는 체벌의 기억이, 모범 답안은 이쪽이라고 저를 끌어당기고 있는 것입니다.

오랜 시간이 지났지만, 여전히 체벌은 남의 문제가 아닙니다. 저는 제 몸에 남아 있는 체벌의 기억을 깨끗하게 씻어 내고 싶습니다. 여전히 타인에게 체벌의 기억을 남기는 사람들에게 이렇게 말하고 싶습니다. "저는 당신이 만들어 내는 모범 답안, 그 자체를 거부합니다."

글쓴이 필부

글쓰기·읽기·저장하기를 좋아하는 청소년인권운동 활동가……라고 자칭해도 되는지 고민 중인 사람.

어린 시절을 기억하기에 어린이의 편에 설 수 있다

큰아이가 초등학교에 입학했는데 나이 많은 남교사가 담임이었다. 그는 날마다 아이들을 때렸다. 아이는 매일 방과 후에 '오늘은 누가 맞았네' 하는 보고를 했다. 아이는 일요일 밤이면 손톱을 깎아야 한다며 손을 내밀었는데 더 깎을 게 없을 정도로 짧아 깎지 않아도 된다고 해도 꼭 깎아야 한다고 고집을 부렸다. 월요일에는 손톱 검사를 하는데 새로 깎지 않으면 걸려서 맞는다는 거다. 그렇게 맞지 않으려고 기를 쓰던 아이가 어느 날 집에 와서 오늘은 자신이 맞았는데 뼈가 부러지는 줄 알았다고 했다. 너무 놀라 담임을 찾아가 아이의 이야기를 전하며 체벌을 하지 말았으면 좋겠다는 말을 했다. 담임은 "이런 말 하는 분은 ○○ 엄마가 처음입니다" 하며 불쾌한 표정을 숨기지 않았다. 내가 교권을 침해한다는 듯한 표정이었다.

그 무렵 다른 엄마들도 불만이 쌓여 더 이상 참을 수 없다며 교장을 찾아가 이야기를 전했다. 담임은 누가 교장에게 말했는지

색출하려고 혈안이 되었다. 한마디 사과도 없이 이제 때리지는 않겠다며 팔 들고 서 있기로 벌을 바꾸겠다고 했다. 아이들은 처음에는 때리지 않아서 좋다고 하더니 팔 들고 서 있기는 더 힘들다며 차라리 때리는 게 낫겠다는 이야기까지 했다. 그때는 팔 들고 서 있기도 체벌이라는 것을 몰랐다. 아이를 처음으로 학교에 보낸 초보 학부모는 한없이 무력함을 느꼈다. 그 담임은 이듬해에 같은 학교 교감으로 취임했다. 자신을 그렇게 때리던 담임이 교감이 되는 것을 지켜본 1학년 아이들은 어떤 생각이 들었을까?

아이가 6학년이 되었을 때 담임은 갓 제대한 남교사였다. 그는 학급을 군대로 착각한 듯했다. 아이는 어느 날 엉덩이에 퍼렇게 멍이 들어 왔다. 담임이 체벌을 일삼는다는 말을 들었을 때도 화가 났지만 퍼렇게 멍든 아이의 엉덩이를 보니 정말 피가 거꾸로 솟는 것 같았다. 몇몇 엄마들이 모여 담임을 만나 항의했는데 담임은 당당하게 "그러면 아이들 지도를 포기하라는 겁니까?" 하고 말해 말문을 막았다. 엄마들은 때리지 않고도 충분히 지도할 수 있는 것 아니냐고 항의했지만 담임은 자신의 소신을 굽히지 않았다. 아이는 졸업할 때까지 담임에 대한 반감이 사라지지 않아 함께 사진을 찍는 것은 고사하고 인사도 하지 않았다. 나도 그 마음을 충분히 알고 있기에 인사를 하고 가자고 더 이상 말할 수 없었다. 아무것도 해 주지 못해 미안할 따름이었다.

나에게도 각인된 체벌의 기억이 있다. 중학교 1학년 때였는데 담임은 아침 조회 시간에 공납금을 안 낸 사람 이름을 불러 앞에 세워 놓고 출석부로 머리를 내려쳤다. 나도 그중 하나였다. 딱 죽고 싶었다. 따박따박 등록금을 내 주지 않는 부모에 대한 원망과 그렇다고 반 친구들 앞에서 치욕적인 체벌을 하는 선생에 대한 원망이 겹쳤다. 그 체벌은 소기의 목적을 달성했으니, 나는 엄마에게 공납금을 안 주면 또 맞는다고 말하고 받아 냈다. 이래서 체벌을 하는 건가 싶었다. 입이 썼다. 이런 내 청소년 시절 기억이 아이들이 교사에게 맞을 때 문제를 제기하는 힘이 되고, 아이들을 탓하지 않고 그들 편에 설 수 있게 했는지도 모른다.

아이들은 기억하지 못하겠지만, 나는 아이가 아기였을 때 아무리 달래도 울어 대는 아이를 침대에 던진 적이 있었다. 그때, 순간 나는 내 안의 악마를 보았다. 아무 항변도 할 수 없는 가장 약한 존재에 대한 폭력을 한 내 안에 있는 악마는 너무 비겁한 놈이었다. 그 시절 나를 괴롭힌 것은 어린 아기가 아닌, 내게 육아를 모두 뒤집어씌우고 나 몰라라 하는 남편이었고, 경력이 단절되어 다시는 사회로 나갈 수 없을 것 같은 불안이었다. 정작 화내야 할 대상은 숨기고 가장 약한 존재에게 화를 냈다는 것을 그 순간 무섭게 깨달았다. 아직 아이에게 사과는 못 했다. 더 이상 비겁한 엄마는 되지 않겠다고 다짐했고, 또 다짐한다. 나는 체벌이라는 말을 쓰는 것조차 거부한다. 그것은 단지 폭력일 뿐이다.

글쓴이 고유경
참교육학부모회.

"그럼 어떻게 벌을 줘요?"

어느 날 아침, 중학생 아들이 다리를 절뚝거리며 일어났다. 어제 체육 시간에 1분 늦었다고 오리걸음을 했다고 한다. 평소에 체육 선생님이 수업 시간에 늘 5분씩 늦으셔서 여유 있게 갔더니 그날은 벼르고 오셨던 듯 단체 기합을 주었다며 하소연했다. 지인에게 알아보니 체벌을 상습적으로 하는 교사였다. 오리걸음 정도는 낮은 수위란다. 개인적으로 항의할 문제는 아닌 것 같아 학부모회 밴드에 글을 올렸다. 학교 홈페이지에서 체벌 금지 내용이 적혀 있는 학생 생활 규정을 캡처해서 첨부했다.

며칠 후 밴드에 학부모회장의 답변이 올라왔다. "교장 선생님께 건의했더니 체벌이 맞다고 인정하며 체육 선생님에게 앞으로는 체벌 대신 벌점을 주라고 지시했다. 체육 선생님도 수업을 방해하는 학생들에게 페널티를 줄 수밖에 없으니 앞으로는 벌점을 주겠다고 했다"는 내용이었다.

그러면서 덧붙인 학부모 대표들의 의견이라는 내용에 말문이 막혔다. "가정에서도 규율을 지키지 않을 땐 훈육이 필요하고 휴대폰을 규제하거나 용돈, 외출 금지 등의 페널티를 적용하는데 학교는 말 안 듣는 학생들을 지도하려면 어쩔 수 없지 않냐"면서 "낙인처럼 벌점으로 남는 것보다 체력을 단련할 수 있는 오리걸음이 나은 것 아니냐"고 했다.

지난해, 학교폭력에 대한 대안을 찾는 간담회 자리에서 있었던 일이다. 구성원은 교사, 학부모, 경찰이었다. 한 참가자의 말이 너무 강하게 남아 잊히지 않는다. "초등학교 저학년 때 장난인지 폭력인지 구분도 못 할 아이들을 가해자로 규정하고 1호, 2호, 3호 등 등급을 나누어 조치하는 것은 바람직하지 않다. 형사 사건처럼 접근하지 말고 교육적으로 해결해야 한다"는 이야기가 오고 가던 중이었다. 초등학교 저학년 담임을 맡고 있다는 교사가 "요즘 애들을 몰라서 하는 말"이라며 반박했다. "그나마 학교생활기록부에 기록을 하니까 효과가 있다. 그런 제재 장치는 꼭 필요하다"는 논리였다. 그러면서 내게 던진 질문이다. "그럼 어떻게 벌을 줘요?"

그 순간, '벌'이라는 글자가 머릿속을 윙윙 날아다녔다. 모든 학생 간 폭력 상황에서 벌 — 잘못을 하거나 죄를 지은 사람에게 주는 고통 — 이 필요한 것인지. 그 벌이 과연 학생의 문제 행동을 시정하는 데 도움이 되는지. 벌을 안 주면 질서가 무너지고 교육이 불가능한 건지. 대상이 어린이·청소년이기 때문에 필요하다는 논리라면 그 범위는 몇 세부터 몇 세까지라고 정할 수 있는지.

나는 벌을 '받는' 것에 길들여진 세대다. 다른 사람들을 위해, 가정의 평화를 위해, 수업 진행을 위해 남들이 만들어 놓은 규율을 지키지 않았을 때 당연하다는 듯이 벌을 받고 매를 맞았다. 하지만 고등학교를 졸업한 이후엔 벌을 받은 기억이 거의 없다. 고등학교 졸업 혹은 20세가 되는 동시에 벌을 받지 않아도 알아서 하는 사람이 될 수 있는 걸까?

수업 시간을 지키는 것, 공공장소에서 조용히 하는 것, 수업 중에 졸지 않는 것, 약속을 지키는 것, 휴대폰을 적당히(?) 사용하는 것 등은 부모나 교사에겐 '지키지 않아도 되는' 것들이다. 결국 일방적으로 잘못을 판단하고 벌주는 기준은 공공질서 유지 등의 대의가 아닌 '나이'인 것이다. 벌을 주는 게 당연하다는 논리는 상대가 어리기 때문이다.

나는 두 아들을 아랫사람이 아닌 친구로 보려고 노력한다. 내 말을 들으라고 하지 않고 네 말을 해 보라고 한다. 어떻게 하면 좋을지 스스로 제안해 보라고 하면 생각지도 못한 아이디어가 나온다.

"네가 살아야 할 세상은 달라." 모든 사람들이 수직이 아닌 수평으로 연결되는 세상, 체벌을 거부하는 나의 소망이다.

글쓴이 이윤경

참교육학부모회.

그날 그때 목소리 낸 것을 후회하지 않는다

2년 전인 2017년 3월 말, 나는 경남 고성의 한 기숙형 고등학교의 3학년 학생이었다. 겨울 방학에 청소년인권을 접하고 학교 안의 인권침해 문제에 저항해야겠다는 마음을 강하게 먹고 있었다. 3학년 때의 내 담임 교사는 그해에 우리 학교로 새롭게 온 사람이었다. 그는 조례나 종례 시간에 반에서 학생을 때리려는 시늉을 하고, "맞고 싶냐"는 말을 자주 했다. 남자 반이었기에 특히 주변 학생들에게 동의를 받기 힘들 수도 있다는 생각에 문제 제기를 미루고 있었다. 내 문제의식을 정확하게 표현할 수 있는 말을 고르고 다듬으며 아슬아슬한 긴장을 느끼고 있었다.

그렇게 개학 후 3주 정도가 흐른 어느 날 학교에선 3학년을 대상으로 사설 모의고사를 치게 했다. 첫 교시인 국어 시험을 마치고 쉬는 시간이 되었는데, 1반이었던 나에게 5반에서 있었던 일에 대한 소문이 들려왔다. A라는 학생이 그에게 맞았다는 이야기였다. '이 교사가 드디어 일을 냈구나' 하며 화도 났고, 문제 제기를 진작 할 걸 그랬다는 나 자신에 대한 아쉬움도 들었다. 5반에 찾아가 A의 이야기를 들어 보니 상황은 이랬다. 시험 시작 직전, OMR 카드에 인적 사항을 적는 시간이었다. 그는 OMR 카드 작성에 실수를 한 학생은 손을 들어 카드를 교체하라는 통상적인 안내를 했다. 잠시 후 A가 기지개를 폈다. 그는 "왜 손을 드느냐"고 물었고, A는 "기지개를 폈다"고 대답했다. 그는 A의 대답이 버릇없다고 느껴 뺨을 강하게 때리고 무릎을 꿇게 했다.

난 그 얘기를 듣자마자 3학년 교무실을 찾아갔다. A를 왜 때렸냐고 물었다. A에게 제대로 사과하라고, 그리고 학생들에게 때리려는 시늉이나 폭력을 암시하는 발언도 하지 말라고 요구했다. 그 요구를 시작으로 나는 다음 교시에 들어가지 않고 그 교사와 100분 동안 교무실에서 다퉜다. 그는 소리를 질렀고, 나에게 "네가 A의 대변인이냐", "네가 왜 날 찾아와 난리를 치냐"고 했다. 내가 "위협적으로 행동하지 말라"고 말하자 "내가 언제 위협을 했냐"며 나를 때릴 것처럼 자리에서 벌떡 일어나며 확 다가오기도 했다. 서로 소리를 지르며 싸우는 동안 교사들은 나와 그를 말리지 않았다. 한 명이 갑자기 끼어들어 날 훈계하려고 하긴 했다.

그렇게 한참을 싸운 다음 날부터 그는 학교에 나오지 않았고, 지병이 도져 병가를 냈다는 소문을 들었다. 학교엔 긴장감이 돌았다. 며칠 후엔 그가 다른 교사들과 함께한 자리에서 눈물을 흘리며 '박태영 때문에 교사 생활에 회의감이 들고 힘들다'는 이야기를 했다는 이야기도 전해 들었다. 며칠 후 3학년 담당 교사들은 내가 그에게 한 행동이 폭력이라는 요지의 입장문을 3학년의 모든 학생들을 모아 읽었다. 사실과 다른 내용이 많은 악의적인 입장문이었다. 입장문 내용과 변론권을 요구하자 “변론권은 줄 수 없으며 반박할 거면 니가 외워서 반박하라”고 했다.

내 편을 드는 교사는 없었다. 그가 저지른 체벌에 책임을 묻는 사람도 없었다. 어떤 교사가 내 욕을 했다는 소문을 매일같이 들었다. 학교는 내가 이미 다른 사유로 징계를 두 번 받았다는 사실을 이용해(다음 징계 처분인 출석 정지를 받으면 입시에 지장이 생긴다) 자진해서 전학을 가지 않으면 대학을 가지 못하게 만들겠노라고 협박했다. 사건 후 일주일 동안 이 모든 일이 일사천리로 일어났다. 4월이 되고, 그렇게 나는 ‘자진’해서 전학을 간 것이 되었다. 고등학교 3학년에, 아는 사람 없는 학교로.

입시는 접어두고 청소년인권운동을 본격적으로 시작했다. 나와 비슷한 생각을 가진 사람들과 경험을 나누고, 해석하고, 요구할 수 있음에 기뻤다. 당시 경남에 청소년인권운동단체가 없었던 탓에 부산을 오가며 활동을 했다. 얼마 지나지 않아 진주에서 사람을 모으는 것을 시작으로 경남 지역에서 활동을 시작했다. 점점 운동에 매진하며 자연스레 학교를 자퇴했다. 2년 동안 활동가로서의 삶에 집중해 왔다. 지금은 그때보다 훨씬 많은 사람들과 경남의 청소년인권운동을 만들어 나가며 경남학생인권조례 제정을 요구하고 있다.

지겨운 질문, '스물한 살이나 먹고 왜 청소년인권운동을 하느냐'에 대한 대답도 여러 가지가 있다. 청소년으로 살아가며 수많은 폭력을 겪었다. 그중에서도 2년 전 그 일이 가장 큰 이유다. 유일하게 내가 청소년인권운동의 언어를 가지고 '저항'한 경험이었기 때문이다. 난 이 저항의 언어인 청소년인권이 힘이 있다고 믿는다. 그리고 과거의 나처럼 학교의 잘못에 분노하는 수많은 사람들이 나와 함께 청소년인권운동의 이름과 인식으로 저항하는 것을 꿈꾼다.

나는 불합리한 강제 전학의 피해자이기도 하지만, 동시에 학교의 잘못에 적극적으로 대항한 저항자였다. 어마어마하게 괴로웠고 힘들었지만 문제 제기를 하고 싸웠다는 그 자체를 후회하지는 않는다(다시 싸우면 더 잘할 수 있겠다는 생각은 백만 번은 했다). 그날의 사건은 날 구성하는 소중한 과거이자 정체성이다. 나는 앞으로도 청소년인권운동을 할 것이다. 더 이상 학교에 다닐 수는 없지만, 학교에서 나처럼 저항하려는 이들이 더 잘 싸울 수 있도록 옆에 서고 도울 것이다. 내가 겪은 그 폭력과 괴로움, 그리고 체벌을 거부했던 감각으로 세상과 싸워 나갈 것이다. 체벌 철폐와 청소년 해방을 위해.

글쓴이 이글(박태영)

청소년인권행동 아수나로,
조례만드는청소년에서 활동하고 있다.

매를 붙잡는 꿈

가끔 그런 밤이 찾아온다. 학교로 돌아가는 꿈, 나는 학생이 되어 교실 한편에 앉아 있고, 교사는 학생을 때리려 매를 치켜드는 순간. 꿈의 레퍼토리는 늘 비슷하지만, 어느 순간부터 달라진 요소가 하나 있다. 이전에는 소리를 치려 해도 말이 목에 걸려 나오지 않았고 다리는 얼어붙은 듯 움직이지 않았었다. 그러나 어느 날의 밤부턴가, 학교로 돌아간 나는 체벌을 하려는 교사를 향해 "안 돼!" 소리칠 수 있었다. 성큼성큼 걸어가 그 매를 빼앗기도 했다. 꿈속에서 소리를 지르다 실제로도 목소리가 터져 나와 잠에서 깨 버린 것도 여러 번이다.

평범한 날이었다. 평범하고 평화롭게, 학생들이 맞던 날. 우리 반 담임 교사가 유난히 자주 때리던 학생이 있었다. 학교 근처 주공 아파트에 사는 아이였다. 그날은 폭력의 수위가 점점 세져, 다 큰 어른이 아홉 살 아이를 바닥으로 나자빠질 때까지 때리고 발길질을 해 댔다. 그 장면의 목격자가 된 나는 '체벌은 나쁘다'는 생각을 처음 가지게 되었다.

초등학교를 졸업하고 중학교에 가니 체벌은 매일매일 일어나는 게 아니라 매 시각마다 일어나는 공기 같은 것이었다. 선생들은 자신이 만만하지 않다는 걸 보여 주기 위해 때렸고, 말대답이 마음에 들지 않는다며 때렸고, 때론 때리는 게 그냥 버릇이어서 때렸다. 하지만 나는 맞는 것보다 엎드려뻗쳐가 더 싫었다. 바닥에 엎드려, 엉덩이를 치켜들고, 머리를 더러운 바닥에 박고, 그 앞에서 위협적으로 발걸음을 옮기는 선생의 신발을 쳐다보아야 하는 일이 더 치욕스러웠다. 오래 기다리지 않아도 얼굴은 피가 몰려 붉어지고 귀의 고막이 터질 듯 팽팽해졌다. 금방이라도 쓰러질 것 같았지만 허락이 있기 전까지는 꼼짝해선 안 됐다.

'직접 체벌'이니 '간접 체벌'이니 구분하곤 하지만, 간접 체벌을 가할 땐 가해자가 직접 손을 쓸 필요도 없이 명령만 내리면 된다는 점밖에 차이가 없다. 그들은 학생들을 주먹으로 위협할 필요도, 명령에 따르지 않으면 어떤 불이익을 줄 건지 상세히 설명할 필요도 없었다. 그저 '엎드려' 세 글자면 수십 명의 학생들이 모두 지체 없이 머리를 박았다.

내가 중학교를 다닐 때 당시는 '그린 마일리지'라 불리는 상벌점제가 도입되던 초기였다. 벌점 받을래 맞을래, 하는 질문이 떠다녔다. '한번 몸 대 주고 나면 끝나는 걸.' 많은 학생들이 맞는 걸 택했다. 중학교를 자퇴하게 된 여러 이유가 있었지만, 더 이상 체벌을 당하지 않겠다는 결심이 컸다. 고통을 겪는 것으로도 모자라, 이 고통이 '너를 위한 것'이고 '교육'이며 '사랑'이라는 헛소리에 설득당하기까지 해야 한다는 것이 견딜 수 없었다. 그들은 때릴 수 있어서 때린 것이고, 다른 방법을 강구하는 것보다 체벌을 하는 게 자신에게 편리하니 때린 것이다. 나는 중학교를 자퇴한 것이 내 생에 가장 잘한 선택이라고 생각한다.

문득 길을 걷다가, 일을 하다가, 또는 누군가와 대화하다 그들의 얼굴이 떠오를 때가 있다. 이름은 잊었지만, 얼굴은 못 잊었다. 학교로 찾아가 그들을 발견한 후, 뺨을 올려붙이는 상상을 한다. 당신이 나에게 얼마나 큰 폭력을 저질렀는지 고래고래 소리를 지르는 상상을 한다. 그런 생각이 떠오를 때면 잠시 시간이 얼어붙는다. 지금 다시 그 학교로 돌아간대도 그 교사들은 떠나고 없을 것이다.

현실에 절망했던 중학교 자퇴생이, 지금은 청소년인권운동 활동가가 되었다. 청소년을 같은 인간으로 보지 않는 제도와 문화에 딴지를 걸면서 그건 '당연한 것'이 아니라 차별과 폭력이라고 목소리를 높이며 세월을 보냈다. 인권침해 피해를 겪은 다른 청소년들을 만나고 지원하기도 했다. 청소년의 지위를 바꾸기 위해 선거 연령 하향과 청소년 참정권 운동도 하고 있다. 혼자라면 할 수 없었을 일이다. 앞서서 청소년인권을 외친 사람들이 있었기에, 그리고 곁에 서서 지지해 주고 고립되지 않도록 손을 내밀어 준 사람들이 있었기에 그런 삶을 살 수 있었다.

언젠가 나보다 먼저 청소년인권운동을 했었던 한 사람의 이야기를 글로 접했다. 한 번도 만난 적은 없는 사람이다.

> "졸업하는 날까지도 구령대에서 맞았어요.
> 모든 학부모들과 전교생이 보는 앞에서. 밀가루 가지고
> 놀았다고요. 그때 다 같이 놀았는데 분명 장여진이 주도했을
> 거라고. 그래서 대표로 구령대에 나가서 테니스 채로 맞았어요.
> 그런 사건들이 쌓이니까 '정말 난 반사회적인, 사회 적응도
> 못 하고 인내심도 없는 문제아인가' 고민을 많이 했어요.
> 그럴 때 학생인권운동을 만났으니까 반가웠죠."
>
> **《인물로 만나는 청소년운동사》 중에서**

이 대목을 읽는 순간, 눈물이 투두둑 떨어졌다. 후유증으로 살아가는 삶이 있다고 했다. 내 몸의 주권을 빼앗겼던 그날들, 무너지고 나서야 인간의 존엄성이란 게 무엇인지 비로소 느낄 수 있었던, 그때 그날들이 아니었더라면 나 또한 8년째 청소년인권운동을 하고 있지는 않을 것 같다.

글쓴이 쥬리

청소년인권운동연대 지음(준)에서
활동하고 있다. 부디 체벌만이라도 완전히
근절된 사회를 본 후에 죽고 싶다.

학교에서 군대까지, 가해자와 피해자의 경계에서 생각하다

부끄러운 마음으로 글을 씁니다.

2년 전 한 병역거부자의 재판에 참석했습니다. 당시 판사는 개인의 양심을 증명하기 위한 과정이라며, "학창 시절 특별히 기억나는 일이라던가, 살아오면서 겪은 일들 중 이야기하고 싶은 것이 있으면 해 보라" 질문했습니다. 불편했습니다. 국가 앞에 개인의 양심과 삶을 어떻게든 꺼내 놓아야만 하는 당시의 상황이 한 편의 부조리극처럼 느껴졌기 때문입니다. 동시에 저 또한 예비군 훈련을 거부하는 병역거부자이기 때문에 스스로에게 두 가지 질문을 하게 되었습니다. '재판에서 저 질문을 받는다면 나는 대답할 생각이 있는가?'가 첫 번째 질문이었고, '그런 질문을 받는다면 어떻게 대답을 할 것인가?'가 두 번째 질문이었습니다. 두 번째 질문에 대한 답을 나누는 것으로 이야기를 이어 가려 합니다.

고등학교 점심시간 때의 일입니다. 식당에 가려고 줄을 서 있었습니다. 한 선배가 친구의 뒤통수를 때리고는 소위 말하는 갈굼을 행했습니다. 저는 똑똑히 그 장면을 보았지만, 마치 아무 일도 일어나지 않은 것처럼 가만히 있었습니다. 아마도 그 선배가 저보다 '강한' 사람이라고 인지했기 때문이었을 겁니다. 비단 선후배 사이의 권력관계에 의한 폭력만이 전부는 아닙니다. 태어나 지금까지 무수한 폭력 속에서 살아왔습니다. 그 폭력을 행하는 사람들이 이야기한 나름의 이유들은 '재수가 없다'이기도 했고, '올바른 길로 이끌어 주기 위한 훈육' 또는 '사랑의 매'로 포장되기도 하였으며, 사소한 '장난'이나 '오해' 그리고 '조직의 작동 방식'으로 표현되기도 하였습니다.

재작년 이틀간 서귀포시 유리 공장에 알바를 하러 나간 적이 있습니다. 주로 스리랑카에서 온 이주 노동자가 많은 작업 현장이었습니다. 클라이언트 업체 사장이 공장에 들어오더니, 저를 보고 환하게 웃었습니다. 그리고는 제게 다가와 "어디에서 왔어?"라고 말하며 뺨을 쳤습니다. 너무 황당하여 화도 나지 않고 그저 '벙쪘'습니다. "지금 뭐 하시는 거예요?" 한국말로 또박또박 묻자 그의 얼굴이 새빨개졌습니다. "아, 죄송합니다. 제가 오해를 해서." 그 말을 남기고 그는 도망치듯 사라졌습니다. 과연 그는 무엇이 죄송했고, 어떤 오해를 했던 것일까요?

군대에 입대하여 자대 배치를 받았을 당시의 느낌이 생생합니다. 육식 동물들에게 둘러싸인 초식 동물이 된 것 같은 기분. 그 불안감과 긴장감. 시간이 지나 그 조직의 뉘앙스에 익숙해질 때 즈음에는 저 또한 누군가에게 육식 동물이 되었으리라 생각합니다. 위계와 힘의 논리에 뒤덮여 있던 학창 시절, 교사가 훈육이라는 이름 아래 가했던 폭력이 나로부터 나보다 약한 사람들에게 흘러갔던 것처럼 말입니다.

누군가에겐 '장난'이었고, 누군가에게는 '장난이 아니었'을 순간들. 누군가에겐 '교육'이었고, 누군가에겐 '교육이 아니었'을 시간들. 그 차이는 어디에서 오는 것일까요?

군대에서 보낸 시간 중 가장 기억에 남는 것 중 하나는 소수자를 향한 혐오와 대상화의 언어들이었습니다. 저 또한 그 언어들에 나의 언어를 덧붙이곤 하였습니다. 그리고 오늘날, '말이 칼이 되는' 세상에서 '○○다움'을 강요하는 언어의 폭력을 대면합니다. '여성다움', '학생다움', '피해자다움', '평화주의자다움' 등. 자격을 부여하는 이와 자격을 부여받기 위해 끊임없이 스스로를 증명해야만 하는 존재들에 대해 생각합니다. 그리고 나는 지금 어느 자리에 있는지를 확인하곤 합니다.

폭력을 가하는 이유를 무엇으로 규정하던 간에, 타인을 때리는 행위는 잘못입니다. 타인을 때릴 수 있는 이유는 자신보다 힘이 약한 존재라고 여기기 때문입니다. 즉 동등한 인간이라고 생각하지 않기 때문입니다. 그 이후의 관점이 애정인지, 혐오인지는 중요하지 않습니다. 그리고 어디서부터 시작된 것인지 모를 폭력으로 점철된 이 사회 문화와 구조 속에 살고 있기에, 부단히 그 사실을 '인식'하고자 하는 노력 없이는 '자신은 그런 의도가 아니었다'고 굳게 믿게 될 따름이라고 생각합니다. 왜냐하면 저 또한

'폭력의 연대기'에서 피해자의 자리와 가해자의 자리를 왔다 갔다 해 온 사람이기 때문입니다.

전역 이후 사회운동을 하는 사람들과의 만남 그리고 노동을 하며 스스로 하게 된 공부의 시간들이 쌓여 오면서 오늘의 다른 나를 만들어 온 것 같습니다. 그 과정에서 내가 대면해야만 했던 것은, 나도 가해자가 될 수 있다는 사실이었습니다. 어쩌면 내가 병역을 거부하고, 이 선언에 동참하는 행위는 감히, 나 자신이 추구하는 인간의 모습에 다가가기 위한 도전이자 기회라고 생각합니다. 그것은 스스로의 가해자됨을 인식하고 멈추는 것이며, '폭력의 연대기'를 끊어 내는 것입니다. 동시에 나와 타인을 구분하여 계급화하는 구조와 문화에 브레이크를 걸고, 인간과 인간이 동등하게 만날 수 있는 세상에 대한 꿈을 일상의 관계에서 실천하는 것입니다. 불합리한 구조와 폭력의 위계에 가만히 있지 않겠다는 실천은 어쩌면, '내가 내 삶의 주인이 되어 가는 자유를 쟁취하기 위한 길을 걸어가고 있다는 것이 아닐까?' 생각해 봅니다.

나는 체벌을 거부합니다.

그리고 다시, 부끄러운 마음으로 글을 마칩니다.

글쓴이 이상

예비군 훈련 거부 중인 병역거부자, 거리예술가. http://e-sang.org

'잘 참아 주는 착한 선생님'이라는 실패한 도전

분명 내가 폭력을 행사한 적이 많았을 텐데, 꺼내어 놓기 부끄럽다는 무의식 때문일까, 한 장면만이 떠올랐습니다. 욱하는 마음에 상대를 때려 줘야 하나 말아야 하나 생각하다가 참았던 장면입니다. 20대 초반 좋은 교사가 되고 싶은 마음으로 공부방 자원 교사 활동을 하던 때였어요.

인권이라는 말을 모르는 건 아니었지만 인권교육이라고 하면 단지 '참교육' 혹은 '의식화 교육'의 한 형태로 생각하던 때가 아니었을까 싶습니다. 학생-교사 관계에 평등이란 가치를 내걸었더라도 아마 '착한 교사' 혹은 '잘 들어 주는 교사' 정도로 생각하지 않았을까. 잘 들어 준다는 건 학생의 말과 행동이 마음에 안 들어도 잘 '참아 주는' 것이라 생각했기에 저의 그 행동도 나온 것이겠죠.

상대는 초등학교 3학년. '이 녀석이 봐주니까 기어오르려고 하네'라는 생각과 '그래도 때려선 안 되지'라는 생각 사이에서 힘이 잔뜩 들어간 팔 근육을 느끼며 눈을 크게 부릅뜨지 않았을까. '떼쓰는' 학생 앞에서 웃고 있지만 웃는 게 아닌 게 티 나는 표정으로 서 있었을 제 모습이 떠오릅니다. 자기를 짓누르려 한다는 그 기운을 그 어린이도 이미 충분히 직감하고 있었겠죠. 그날 이후 그 어린이가 나를 어떻게 대했는지는 제 기억에서 지워 버렸나 봅니다. 하지만 내 앞에서 눈치를 보거나 혹은 내가 그랬던 것처럼 적의를 품은 눈빛을 드문드문 드러냈으리라 충분히 예상할 수 있습니다.

좋은 교사에 대한 고민이 저에겐 가르치는 자와 배우는 자 사이의 권력관계를 고민하는 과정이었습니다. 다른 한편 '군인'이 된 나를 떠올려 보며 상관(교사)의 말을 안 들으면 부하(학생)를 혼내거나 때릴 수 있는 공간의 옷을 입을 수 있을지 스스로에게 질문하는 과정이었습니다. 처음부터 어떤 평화적 신념이 확고해서 병역거부를 택한 것이 아니라 군인이 된 나를 상상해 보는 과정에서 위계를 자연화하고 폭력의 가해자가 아닌 피해자를 도리어 비난하는 여러 관계들에 대한 성찰을 더 하게 된 것인데요. 언제 쳐들어올지(기어오를지) 모르는 상대를 죽이는(가르치는) 연습을 '방어(교육)'란 우아한 이름으로 포장하는 곳들이 있다는 발견.

특정 행동을 '맞을 짓'으로 만들고 '맞아도 되는 존재'가 있다는 믿음을 재생산하는 곳에 이용되고 싶지 않았습니다. 이렇게 말하고 나면 "너만 잘났냐?"라고 반응하는 사람들이 있습니다.

그들의 마음과 조건을 이해하는 시간이 출소 이후 인권교육을 계속할 수 있는 힘이자 이유가 된 건 아닐까 싶습니다.

"지금부터 저지른 악덕은/죽을 때까지 기억난다." 진은영 시인의 〈서른 살〉의 한 구절입니다. 내가 저질렀던 '죄', 때리진 않았지만 널 때릴 수도 있다는 신호를 남겼던 그 행동이 그 어린이로 하여금 자신보다 힘을 가진 존재에겐 굴종하고 반대의 관계에선 군림하는 감각을 갖게 하는 데 일조한 건 아닐까. 지금 인권'교육'을 고민하는 건 지난 시절 내가 행한 악덕을 반성하는 시간이라는 생각도 해 봅니다. 맞아도 괜찮은 혹은 맞을 짓을 했다는 사회적 감각에 균열을 낸다는 교육의 지향, 동시에 내가 때론 힘을 행사하는 자리에 서 있으면서 그걸 자각하지 못하는 비극을 피하고 싶은 개인적 바람을 떠올리며 체벌 거부 선언에 동참합니다.

글쓴이 날맹

병역거부자, 인권교육센터 들 상임활동가.

살려야 할 것은 권위가 아니라 '관계'입니다

대학교 2학년 때였습니다. 1학년 남자 후배의 엉덩이를 몽둥이로 때린 적이 있어요. 후배가 말을 잘 듣지 않는다고, 맡은 일을 게을리한다고, 그건 내가 여자 선배라 무시하기 때문이라고 생각했었습니다. '좀 가르쳐야겠다', '선배를 무시하면 안 된다는 걸 보여 줘야겠다'고 마음먹었습니다. 당시엔 선배가 후배들을 집합시켜 놓고 군기를 잡는 일이 흔하던 시절이었거든요. 후배의 버릇을 바로잡기 위한 '벌'이라고 생각했지만, 사실은 '저의 권위를 세우고 제 말을 듣게 하는 것'이 목표였습니다.

결과가 어땠냐고요? 그 후배는 여전히 맡은 일을 잘 하지 않았습니다. 당시엔 왜 맡은 일을 안 하냐고 채근만 했을 뿐, 그 이유를 진정 궁금해하지는 않았어요. 후배와의 관계도 점점 멀어졌습니다. 돌이켜보면 그의 덩치가 저보다 훨씬 컸었는데, 제가 선배라는 이유만으로 어쩌지 못하고 맞아 준 게 아닐까 싶어요. 그해 겨울, 갑작스레 그 후배의 자살 소식이 들려왔습니다. 그의 삶이 어땠는지, 무엇이 그런 선택에 이르게 했는지 제게는 아무런 정보도 없었습니다. '그래 놓고 가르치려 들었다니!' 부끄러움과 죄책감이 찾아들었습니다. 그에게 사과할 기회는 그렇게 사라졌고, 제 마음에 깃든 죄책감도 세월이 흐르면서 조금씩 흐릿해져 갔습니다.

그럼에도 후배를 때릴 때 제 손에 느껴지던 감각만큼은 지금도 선명합니다. 누군가를 지배할 수 있다는 쾌감이나 후배를 제대로 가르쳤다는 긍지 같은 것은 없었습니다. 그 순간, 제게 찾아든 지배적 감정은 오히려 두려움이었어요. '아, 지금 내가 뭘 하고 있는 거지?!'

저는 어릴 때 아버지가 가하는 폭력을 겪으며 성장했습니다. 그때는 가정폭력이나 아동학대라는 개념조차 없던 시절이었죠. 아버지가 어머니를 때리는 모습을 지켜보는 것도 끔찍한 일이었고, 말리거나 대들다가 우리 삼남매까지 얻어맞는 일도 잦았습니다. 다음 날 아버지는 우리에게 미안하다 하면서도 이런 말을 덧붙이곤 했습니다.

"아빠가 술에 취해 그런 건 미안한데,
느그 엄마가 제대로 했으면 아빠가 와 그라겠노?
너희들도 엄마 걱정해서 그러나 본데, 아무리 그래도
아빠한테 그리 덤비면 못 쓴다."

사과 아닌 사과와 훈계를 들으면서 '자기가 잘못해 놓고 왜 우리 탓을 하지?'라는 반발심도 들었고 '나는 절대 아빠 같은 사람은 되지 말아야지'라는 결심도 했습니다. 그런데 제가 후배를 체벌하면서 아버지가 했던 이야기와 똑같은 말로 저를 정당화하고 있더라고요.

아버지의 잘못을 바로잡기 위해 '때려서라도 가르쳐야겠다'는 생각을 단 한 번도 해 본 적이 없었습니다. 아버지도 어머니나 우리를 때려도 되니까 때린 거였고, 저 역시 후배를 때려도 되니까 때린 것이었습니다. 어떤 체벌은 패륜이 되고 '(사회적) 약자'에게 가하는 체벌은 '훈육'이 되는 모순을 발견하면서, 후배에게 했던 체벌은 제가 가한 최초의 체벌이자 마지막 체벌이 되었습니다.

때려서라도 가르칠 건 가르쳐야 한다는 생각은 끈질기게 살아남아 있습니다. 어떤 사람이 못마땅한 행동을 계속하면 문득 제게도 이런 생각이 떠올라 깜짝 놀라곤 합니다. '아이고, 좀 맞아야 정신 차리겠네.' 사실 이런 생각들은 부분적 판단에 기초한 경우가 많습니다. 맞아야 정신을 차린다는 이야기는 우리가 타인에 대한 성실한 이해를 포기한 채(이것이야말로 차별의 시작이죠), '효과'만을 중심으로 폭력을 정당화하는 것입니다.

체벌은 공포와 위력을 이용하여 찰나적 행동 변화를 가져올 수도 있죠. 그러나 그건 진정한 변화는 아닙니다. 고등학교 때 틀린 시험 문제 개수만큼 체벌하던 역사 교사가 있었어요. 한바탕 체벌이 있고 나면 수업 집중도가 잠시 높아지는 듯했지만, 며

칠 지나고 나면 수업 분위기는 이전으로 돌아가곤 했습니다. 맞는다고 역사에 더 흥미가 생기거나 수업이 갑자기 재미있게 느껴지지는 않는 법이니까요. 체벌이 설령 효과가 있더라도, 효과만을 기준으로 어떤 행위를 옹호한다면 우리는 인권과 민주주의를 이야기할 수 없을 겁니다. 독재자의 명령은 무척 효율적입니다. 토론과 조율에 소요되는 시간을 줄여 주니까요. 하지만 값싼 효율성을 얻는 대신 우리는 많은 가치를 잃게 됩니다. 고문을 해서라도 자백을 받아 내고, 위협을 해서라도 항복을 받아 내는 일은 수많은 공포 정치에서 반복된 일이기도 합니다.

간혹 감정적 체벌은 문제지만 '정돈된 체벌'은 괜찮다는 이야기를 듣게 됩니다. 최근엔 '내가 아니라 다른 교사에게 체벌을 부탁하면 감정이 섞이지 않아서 괜찮다'는 이야기도 들었습니다. 한 대든 백 대든, 누가 때리든 때리는 사람이 잘못을 판단하는 기준을 독점하고 있다는 점에서, 그리고 맞는 사람의 인격이 부서진다는 점에서는 차이가 없습니다. 체벌이 사라져 교육이 되지 않는다는 이야기는 고문이 사라져 범죄가 줄어들지 않는다는 이야기와 같습니다. 지금 교실에서 벌어지는 힘든 풍경들은 체벌이 사라져서가 아니라 체벌로 간신히 은폐되어 온 교육의 실패가 드러나는 장면입니다. 살려야 할 것은 체벌이 아니라 '교육'입니다. 부모-자녀 간의 갈등도 마찬가지죠. 살려야 할 것은 부모의 권위나 체벌이 아니라 '관계'입니다.

인권을 가르쳐 주는 교육이 아니라 인권을 외치는 교육이 되려면 교사-학생 간 권력관계를 뒤흔들지 않으면 안 됩니다. 그래서 저에게 인권교육과 어린이·청소년인권(학생인권)은 사실상 같은 말입니다. 어린이와 청소년이 나이가 어리다는 이유로, 학생이라는 이유로, 자녀라는 이유로 폭력의 대상이 되지 않는 세상을 꿈꿉니다. 교육이 교육다워지는 날을 꿈꿉니다. 어린이·청소년과 평등하게 동행할 세상을 위해 저도 체벌 거부 선언에 동참합니다!

글쓴이 배경내

인권교육센터 들 상임활동가.

체벌을 허락하는 사회, 지금은 달라졌나?

체벌이라고 하면, 벌써 십수 년 전 일이지만 중학교 과학 수업 중 정기적으로 돌아오곤 했던 일종의 '즉문즉답' 시간이 떠오르곤 한다. 교사가 학생 한 명 한 명에게 배운 것 중에 아무거나 질문을 하고, 5초 안에 대답을 못 하면 손바닥을 맞는 시간이었다. 대답을 더듬거리거나 한 음절 틀리기만 해도 손바닥을 맞았다. 내 차례가 돌아오기를 기다리는 시간, 5초 안에 대답하기 위해 필사적으로 뇌를 작동시켜야 했던 시간, 그 두려움과 조바심이 지금도 떠오른다. 그 시간만 되면 교실 안의 공기는 마치 손에 잡힐 듯 목에 걸릴 듯 팽팽해지곤 했다. 공기의 밀도가 바뀌었을 리는 없으니 그저 내가 숨을 제대로 못 쉴 만큼 긴장했던 것뿐이겠지만.

우스운 것은, 절반 이상의 학생들은 그냥 맞고 말겠다는 자세로 임했는데, 나는 어떻게든 한 대도 안 맞고 넘어가 보려고 열심히 외운 끝에 한 질문 한 질문 '클리어'할 때마다 모종의 해방감을 느꼈다는 점이다. 끔찍한 것은, 그 교사는 열의 있는 좋은 인품의 사람이었고 스스로 그렇게 가르치는 것이 학생들을 위한 일이라고 믿었으리라는 점이다.

그가 미운 마음은 없다. 그렇다고 해서 그 끔찍함과 내가 기억하는 충격, 두려움의 시간이 희석되는 것은 아니다. 다른 체벌들 — 2학기 개학을 했으니 정신 차리고 공부하잔 의미에서 전원 매를 맞자던 영어 교사라든지, 체육 시간에 집합이 늦었다는 이유로 반 학생 전원을 엎드려뻗쳐를 하게 했던 체육 교사라든지 — 보다도, 그 체벌이 더 '아프고', '굴욕적인' 기억으로 남아 있다. 왜냐하면 그건 그가 이상한 사람이거나 불합리한 사람이라 벌어진 일이 아니었으니까. 그 체벌은 나에겐 참으로 '효과적'이었다. 지금도 그때를 떠올리면 조금 울먹이고 싶지만.

흔히 체벌 이야기를 하면 체벌을 가한 사람의 선악을 판별하고, 그 체벌이 효과적이고 정당한 것이었는지를 묻곤 한다. 감정적이진 않았는지, 심하진 않았는지, 체벌을 당한 사람이 맞을 만한 잘못을 했는지, 반성을 하게 만들었는지……. 그러나 체벌을 한 사람이 선량하고 합리적인지 여부는 중요한 것이 아니다. 효과적이고 합리적인 체벌이 더 끔찍하다. 체벌의 과정 자체가 폭력에 굴복한 경험, 고통을 느끼고 그 고통을 피하기 위해 순종하고 두려워한 기억일 수밖에 없다. 그러므로 초점을 바꾸어서, '어린이·청소년에 대한 제도화된·허락된 폭력'으로 이 문제를 이해하는 것이 옳을 것이다.

내가 어린이·청소년기를 보낸 2000년대 중반까지의 시기는, 정부에서는 체벌의 원칙적 금지와 교사들의 자제를 요구했으나, 그럼에도 여전히 체벌이 너무나 흔한 시대였다. 그래서 나에게 폭력을 가한 학교·학원 교사, 택견 도장 사범, 그리고 폭력의 빈도는 아주 드물긴 했지만 부모까지도, 모두 미워하지는 않는다. 그 사람들이 끔찍하거나 악한 것이 아니라, 체벌 자체가 끔찍하고, 체벌을 해도 되며 체벌을 하라고 부추기는 사회가 끔찍하다. 그런데, 지금은 얼마나 달라졌나?

내가 살면서 중·고등학교 적과 가장 비슷한 경험을 한 것은 병역거부로 감옥에 수감되었을 적이다. 외출과 통신이 금지된 것만 더해진 (자유형의 본질이 자유와 사회적 관계의 박탈이니 그 부분이 중요한 것이긴 하겠지만) 기숙사 학교 같았던 것이다.

그런데 적어도 한 가지 면에서 한국의 감옥은 학교보다 낫다. 감옥에서는 수용자에게 신체적 고통을 주거나 폭력을 가하는 일이 엄격하게 금지·제한되어 있다. 구속구를 사용하거나 환경이 가혹한 징벌방에 수용자를 보내는 처벌이 있으나 일단은 필요할 때 절차를 거쳐서 한다. 부당하게 신체적 처벌을 내리는 경우가 완전히 사라진 건 아니겠지만, 발각되면 규탄과 처벌을 받으리란 점은 확실해서, 겉으로나마 정당한 사유와 절차를 갖추고 은폐하기 위해 애쓴다.

반면 청소년의 경우에는 어떤가. 가정, 학교, 학원 등에서 여전히 체벌이 벌어지고 이를 딱히 감추려고 들지도 않는다. 혹 문제가 불거져 처벌받으면 오히려 재수 없었다고 여겨질 것이다. 인권이 '너무 잘' 보장돼서 문제이고, 요즘 애들이 버르장머리가 없다는 소리나 나오려나.

〈세계인권선언〉도 〈대한민국 헌법〉도, 권리 중에서 존엄성과 차별 금지의 원칙 다음에 신체의 자유가 등장하는 것은 그만큼 인간의 권리로서 기본적인 것이기 때문이다. 신체의 자유와 신체에 대한 존중이 이런 지경이니 우리 사회가 아직 청소년을 인간으로 대하지 않음을 잘 알 수 있다. 그렇기 때문에 체벌 근절부터 확실하게 이루어 내야 한다는 것이다.

법적으로 한국은 체벌 금지 국가라 할 수 있다. 그러나 체벌이 금지되었다는 것을 아는 사람들이 과연 얼마나 될까? 많은 소수자에 대한 폭력과 배제가 그렇듯, 체벌은 법적으로는 금지되어 있지만 사회적으로는 허용되고 있다. "권리라는 것은 결국 '양해'라는 말의 다른 표현"*이다. 사회적으로 받아들여지지 않은 권리는 권리가 되지 못하고 법이 사문화된다. 그래서 정부는 법을 만든 뒤에 그 법이 실제의 삶을 규율하는 선이 되고 뿌리내리도록 노력해야 한다. 그러나 지금껏 정부에서는 체벌 금지를 대대적으로 선언하는 것조차 부담스러워했다. 청소년은 참정권이 없고, 체벌 금지를 선언했다가는 친권자·교사 등의 반감만 살 거라고 두려워하기 때문이 아닐지 의심스럽다. 비록 체벌의 발생 빈도나 강도

* 이영도(2013), 《눈물을 마시는 새 2》, 황금가지.

는 줄어들고 있지만, 체벌 근절을 기대하기에는 전망이 어둡다. 오히려 체벌을 지지하는, 청소년에 대한 사회적 혐오는 더 강해지는 경향마저 관찰되고 있다.

그렇기에 지금 우리가 체벌 거부를 선언하는 것이 중요하고 의미 있다고 생각한다. 이 선언이 결국 청소년의 신체의 자유, 인격과 존엄성을 존중받을 권리, 체벌을 당하지 않을 권리, 폭력 앞에서 두려움에 떨지 않을 권리를 입법하는 데 기여하는 일이 될 것이라 믿는다. 입법의 완결은 국회에서 국회의원들의 표결이 아니라, 사람들의 행동으로 이루어진다.

나 역시, 학교에 강의를 가거나 했을 때, 체벌의 흔적을 목격하거나 증언을 듣더라도, 굳이 나서기엔 부담스러워 그냥 넘어간 적이 있다. 그러나 이제는 당사자와 함께 노력하거나, 적어도 문제제기라도 할 것을 다짐한다. 비록 청소년은 폭력을 당해도 된다고 생각한 적은 없으나, 나보다 여러모로 약한 위치에 있는 사람에게 나의 분노나 짜증을 표현할 때 물리적 위협이 되는 방식이나 폭력적 방식을 사용한 적이 있음을 고백하며 잘못을 반성하고 곱씹는다. 체벌 거부 선언이 청소년에 대한 폭력을 반대하는 일이면서도, 한 발 더 나아가서는 약자에 대한 폭력을 정당화하는 나와 우리의 습관을 바꾸기 위한 실천이 되기를 바라면서.

글쓴이 공현

청소년인권운동연대 지음(준) 활동가.

체벌 관련 법규와 지원 기관

체벌
때리는 것이나, 힘든 자세나 동작을 반복 유지시키는 것 등
고통이 몸에 직접 느껴지도록 벌을 줌, 또는 그런 벌

체벌에 관련한 국제 인권 기준

■ 체벌은 국제적으로 아동의 신체의 자유와 존엄성을 침해하는 인권침해로 판단되고 있다. 원하는 결과를 얻기 위하여, 처벌을 하기 위하여, 협박 또는 강요할 목적으로 신체적 고통을 가하는 행위는 '고문'에 해당한다.

유엔 〈고문 및 그 밖의 잔혹한, 비인도적인 또는 굴욕적인 대우나 처벌의 방지에 관한 협약〉, 유엔 〈시민적 및 정치적 권리에 관한 국제 규약〉 등 다수의 국제 인권 기준

* 이 때문에 유엔고문방지위원회에서 체벌에 관한 문제도 다루고 있다.

■ 국가는 아동이 모든 형태의 신체적, 정신적 폭력, 상해나 학대, 유기나 유기적 대우, 성적 학대를 포함한 혹사나 착취로부터 아동을 보호하기 위한 모든 적절한 입법적, 행정적, 사회적 및 교육적 조치를 취해야 한다.

유엔 〈아동의 권리에 관한 협약〉

■ 아무리 경미하다 할지라도 어느 정도의 고통이나 불편을 초래할 의도로 물리력을 사용하는 모든 벌을 체벌로 정의한다. 체벌은 예외 없이 모멸적이다. 덧붙여 비신체적 형태의 처벌 역시 잔인하고 모멸적이며 〈아동의 권리에 관한

협약〉과 양립할 수 없다. 이러한 처벌에는 예를 들면 무시하기, 창피 주기, 비난하기, 책임 전가하기, 협박하기, 겁주기, 조롱하기 등이 포함된다.

유엔 아동권리위원회 일반논평8(2006)

■ 아동이 교문을 통과하였다고 해서 그들이 인권을 잃는 것은 아니다. 따라서 교육은 아동의 고유의 존엄성을 존중하는 방식으로 제공되어야만 하며 (……) 교내에서의 비폭력을 지향하는 방식으로 제공되어야만 한다.

유엔 아동권리위원회 일반논평8(2006)

■ 체벌은 〈세계인권선언〉의 전문에 기술된 국제인권법의 근본적인 지도 원칙, 즉 개인의 존엄성에 위배된다. 학교 규율의 다른 측면, 예를 들면 공개적으로 창피를 주는 것 역시 인간 존엄성에 위배될 수 있다.

유엔 경제적·사회적 및 문화적 권리위원회 일반논평13(1999)

체벌에 관련한 우리나라 법

■ 아동의 보호자는 아동에게 신체적 고통이나 폭언 등의 정신적 고통을 가하여서는 안 된다. 이때 아동은 18세 미만의 사람을 말한다. 보호자는 친권자, 교사, 관련 시설 종사자, 경찰, 고용인 등을 포괄한다.

〈아동복지법〉 제5조(보호자 등의 책무), 2015년 신설

■ 아동학대란, 보호자를 포함한 성인이 아동의 건강 또는 복지를 해치거나 정상적 발달을 저해할 수 있는 신체적·정신적·성적 폭력이나 가혹행위를 하는 것과 아동의 보호자가 아동을 유기하거나 방임하는 것을 말한다.

〈아동복지법〉 제3조(정의)

■ 아동학대 및 가정폭력 사건 소송 시, 피해자와 법정대리인은 판사에게 다음과 같은 피해자 보호 명령을 청구할 수 있다.

- 가해자를 집에서 퇴거시키거나 피해자를 보호기관에 위탁하는 등의 공간 분리
- 집, 학교, 직장, 보호기관 등의 접근 금지
- 전화나 문자 등의 연락 금지
- 가해자의 친권 행사를 제한

〈아동학대범죄의 처벌 등에 관한 특례법〉, 〈가정폭력범죄의 처벌 등에 관한 특례법〉

■ 학교에서 학생을 지도할 때 '도구나 신체 등을 이용하여 학생의 신체에 고통을 가하는 방법'을 사용할 수 없다.

〈초·중등교육법 시행령〉 제31조(학생의 징계 등), 2011년 개정

* 2011년 당시 교육과학기술부(장관 이주호)는 해당 조항을 일부 형태의 체벌만 금지한다고 해석하여, 얼차려 등의 간접적인 체벌을 허용한다는 입장을 발표했다.

■ 학교에서 체벌은 금지된다.

경기도학생인권조례 제6조(폭력으로부터 자유로울 권리) 외 4개 지역 학생인권조례

교육감, 학교의 장 및 교직원은 체벌, 따돌림, 집단괴롭힘, 성폭력 등 모든 물리적 및 언어적 폭력을 방지하여야 한다.

서울학생인권조례 제6조(폭력으로부터 자유로울 권리)

* 경기, 광주, 서울, 전북 지역에서는 학생인권조례를 통해 체벌을 비롯한 학생인권 침해 행위를 금지하고 학생 자치를 보장하고 있다. 이 4개 지역과 강원 교육청은 교육부의 간접 체벌 허용 입장에 반대해 전면적 체벌 금지를 선언했다.
* 전남 지역에서는 〈교육공동체 인권조례〉를, 충북 지역에서는 〈교육공동체 헌장〉을 통해 학생인권을 보호하고 있다. 공통적으로 간접적 체벌의 금지, 집회의 자유가 포함되지 않았다.
* 제주 지역에서는 학생인권조례 제정 운동의 성과로 〈학교 교육 활동 보호에 관한 조례〉가 제정되었으나 간접적 체벌의 금지가 명시되지 않았고, 두발 자유, 학생 자치 등 주요 내용이 후퇴하였다.

체벌 등 아동학대 발생 시에 도움을 받을 수 있는 곳

	기관	연락처	지원 내용
긴급상담	청소년전화	1388(지역번호+1388)	각종 위기 상황 상담
	여성긴급전화	1366(지역번호+1366)	성폭력, 가정폭력
	중앙 아동보호전문기관	02-558-1391	아동학대 상담. 지역별 아동보호전문기관을 통해 신고 가능.
	서울 해바라기센터	(남부) 02-870-1700 (북부) 02-3390-4145	성폭력, 가정폭력 피해자 법률·의료 지원. 지역별 해바라기센터를 통해 지원 가능.
	움직이는청소년센터 EXIT	010-9604-1318 010-9605-1318	위기 상황에 놓인 청소년 지원 및 거리 아웃리치
	서울시교육청청소년 도움센터 친구랑	02-877-1388	학교 밖 청소년 전용 공간, 긴급 지원, 상담
여성·성소수자	여성의 전화	02-2263-6464 02-2263-6465	가정폭력·성폭력 상담
	십대 여성 일시지원센터 나무(서울 장승배기)	010-7788-7947	십대 여성 일시 쉼터, 긴급 지원
	청소년 성소수자 위기지원센터 띵동	02-924-1227 카카오톡 플러스친구 띵동	청소년 성소수자 상담 및 위기 지원
법률지원	민주사회를위한변호사모임 공익인권변론센터	02-522-7284 pipc@minbyun.or.kr	인권 변호 및 상담
	부천시청소년 법률지원센터	032-655-4620	청소년 사건 변호 및 상담, 법률 교육
학생인권 상담	참교육학부모회	02-393-8980	학생인권 침해 사건 등 학부모 상담
	대구 학생인권상담소	페이스북 페이지 '대구 학생인권상담소'	학생인권 상담 및 법률 지원
	청소년인권행동 아수나로	070-4110-1908 asunaro@asunaro.or.kr	청소년인권운동

* 거처가 필요한 청소년은 쉼터를 이용할 수 있습니다. 일시 쉼터는 24시간~7일, 단기 쉼터는 9개월, 중장기 쉼터는 3년 이내로 거주할 수 있습니다. 목적에 따라 가정 복귀를 목적으로 하는 곳과 자립을 지원하는 곳이 구분됩니다. 단기 쉼터와 중장기 쉼터는 바로 입소하기 어렵고, 쉼터의 상황과 절차에 따라 입소 가능 여부가 결정됩니다. 청소년전화 1388을 통해 인근의 일시 쉼터를 연결받을 수 있습니다.

교육공동체 벗

교육공동체 벗은 협동조합을 모델로 하는 작은 지식공동체입니다.
협동조합은 공통의 목적을 가진 사람들이 모여서 만든
권력과 자본으로부터 독립된 경제조직입니다.
교육공동체 벗의 모든 사업은 조합원들이 내는 출자금과 조합비로 운영됩니다.
수익을 목적으로 하지 않기에 이윤을 좇기보다
조합원들의 삶과 성장에 필요한 일들과
교육운동에 보탬이 될 수 있는 사업들을 먼저 생각합니다.
정론직필의 교육전문지, 시류에 휩쓸리지 않는 정직한 책들,
함께 배우고 나누며 성장하는 배움 공간 등
우리 교육 현실에 필요한 것들을 우리 힘으로 만들고 함께 나누고 있습니다.

조합원 참여 안내

출자금(1구좌 일반 : 2만 원, 터잡기 : 50만 원)을 낸 후 조합비(월 1만 5천 원 이상)를 약정해 주시면 됩니다. 조합원으로 참여하시면 교육공동체 벗에서 내는 격월간 교육전문지 《오늘의 교육》과 조합통신을 받아 보실 수 있습니다. 출자금은 종잣돈으로 가입할 때 한 번만 내시면 됩니다. 조합을 탈퇴하거나 조합 해산 시 정관에 따라 반환합니다. 터잡기 조합원은 벗의 터전을 함께 다지는 데 의미와 보람을 두며 권리와 의무에서 일반 조합원과 차이는 없습니다. 아래 홈페이지나 카페에서 조합 가입 신청서를 내려받아 작성하신 후 메일이나 팩스로 보내 주세요.

홈페이지 communebut.com
카페 cafe.daum.net/communebut
이메일 communebut@hanmail.net
전화 02-332-0712
팩스 0505-115-0712

교육공동체 벗을 만드는 사람들

※ 하파타순

후쿠시마 미노리, 황지영, 황정하, 황정일, 황정인, 황정원, 황정욱, 황이경, 황윤호성, 황순임, 황봉희, 황미숙, 황기철, 황규선, 황고운, 홍정인, 홍유지, 홍용덕, 홍순성, 홍세화, 홍성은, 홍성구, 홍석근, 홍미영, 현복실, 현미열, 허효인, 허은실, 허성균, 허보영, 허기영, 허광영, 함점순, 함영기, 한학범, 한지희, 한지혜, 한정혜, 한은옥, 한영욱, 한영선, 한승모, 한소영, 한성찬, 한봉순, 한민혁, 한만중, 한날, 한경희, 하정호, 하인호, 하승우, 하승수, 하순배, 하광봉, 탁동철, 최희성, 최현숙, 최현미a, 최현미b, 최진규, 최주연, 최정윤, 최정아, 최은희, 최은정, 최은아, 최은숙a, 최은숙b, 최은미, 최은경, 최윤미, 최원혜, 최영식, 최영락, 최연희, 최연정, 최애영, 최애리, 최승훈, 최승복, 최슬빈, 최선영a, 최선영b, 최선경, 최봉선, 최보람, 최병우, 최미영, 최미선, 최미나, 최문정, 최류미, 최대현, 최기호, 최광용, 최경미, 최경련, 채효정, 채종민, 채옥엽, 차종숙, 차용훈, 진현, 진주형, 진웅용, 진영효, 진영준, 진냥, 지정순, 지수연, 주윤아, 주순영, 주수원, 조희정, 조형식, 조향미, 조해수, 조하늘, 조진희, 조지연, 조준혁, 조주원, 조정희, 조응현, 조윤성, 조원배, 조용진, 故조영희(명예조합원), 조영현, 조영옥, 조영실, 조영선, 조영란, 조여은, 조여경, 조수진, 조성희, 조성실, 조성대, 조석현, 조석영, 조상희, 조문경, 조두형, 조경애, 조경아, 조경삼, 제남모, 정희영, 정희선, 정홍윤, 정혜령, 정현진, 정현주a, 정현주b, 정현숙, 정헤레나, 정태회, 정춘수, 정철성, 정진영a, 정진영b, 정진규, 정종헌, 정종민, 정재학, 정이든, 정은희, 정은주, 정은균, 정유진, 정유숙, 정유섭, 정원석, 정용주, 정예슬, 정영현, 정영수, 정애순, 정수연, 정부교, 정보라a, 정보라b, 정미숙, 정미라, 정명옥, 정명영, 정득년, 정남주, 정광호, 정광필, 정광일, 정관모, 정경원, 전혜원a, 전혜원b, 전정희, 전유미, 전보선, 전병기, 전민기, 전미영, 전난희, 장효영, 장홍월, 장현주, 장진우, 장종성, 장인하, 장인수, 장은하, 장은미, 장윤영, 장원영, 장시준, 장슬기, 장상욱, 장병훈, 장병학, 장근영, 장군, 장경훈, 임혜정, 임향신, 임한철, 임지영, 임중혁, 임종길, 임정은, 임전수, 임수진, 임성준, 임성빈, 임성무, 임선영, 임상진, 임동헌, 임덕연, 임금록, 이희옥, 이희연, 이효진, 이화현, 이호진, 이혜정, 이혜린, 이형빈, 이현주, 이현종, 이현, 이혁규, 이향숙, 이한진, 이태영a, 이태영b, 이태구, 이충근, 이초록, 이진혜, 이진주, 이진숙, 이지혜, 이지현, 이지향, 이지영, 이지연, 이중석, 이준구, 이주희, 이주탁, 이주영, 이종찬, 이종은, 이정희a, 이정희b, 이재형, 이재익, 이재두, 이인사, 이응휘, 이은희a, 이은희b, 이은향, 이은진, 이은주a, 이은주b, 이은영, 이은숙, 이은경, 이윤정, 이윤엽, 이윤선, 이윤미, 이유진, 이월녀, 이원님, 이우진, 이용환, 이용석a, 이용석b, 이용기, 이영화, 이영혜, 이영주, 이영아, 이영상, 이연진, 이연주, 이연숙, 이연수, 이애영, 이승헌, 이승태, 이승연, 이승아, 이슬기a, 이슬기b, 이순임, 이수정a, 이수정b, 이수미, 이수경, 이소형, 이성원, 이성우, 이성숙, 이성수, 이설희, 이선표, 이선영, 이선애a, 이선애b, 이선미, 이상훈, 이상화, 이상직, 이상원, 이상미, 이상대, 이병준, 이병곤, 이범희, 이민아, 이민숙, 이미옥, 이미연, 이미숙a, 이미숙b, 이미라, 이문영, 이명훈, 이명형, 이매남, 이동철, 이동준, 이동갑, 이도종, 이덕주, 이남숙, 이난영, 이나경, 이기규, 이근희, 이근철, 이근영, 이균호, 이광연, 이계삼, 이경은, 이경욱, 이경언, 이경아, 이경림, 이건진, 이건민, 이갑순, 윤홍은, 윤큰별, 윤지형, 윤종원, 윤우람, 윤영훈, 윤영백, 윤여강, 윤석, 윤상혁, 윤병일, 윤규식, 유효성, 유재을, 유은아, 유영길, 유성희, 유성상, 위양자, 원지영, 원윤희, 원성제, 우창숙, 우지영, 우완, 우영재, 우승인, 우수경, 오혜원, 오중근, 오정오, 오은정, 오은경, 오유진, 오승훈, 오수민, 오세희, 오세연, 오세란, 오상철, 오민식, 오명환, 오동석, 오경숙, 염정신, 여희영, 여태전, 엄창호, 엄지선, 엄재홍, 엄영숙, 엄기호, 엄귀영, 양희전, 양해준, 양지선, 양은주, 양은숙, 양영희, 양애정, 양선화, 양선형, 양서영, 양상진, 안효빈, 故안혜영(명예조합원), 안찬원, 안지현, 안지윤, 안지영, 안준철, 안정선, 안재성, 안용덕, 안옥수, 안영빈, 안순억, 안경화, 심항일, 심은보, 심승희, 심수환, 심동우, 심경일, 신혜선, 신혜경, 신충일, 신창호, 신창복, 신중휘, 신은정, 신은숙, 신은경, 신유준, 신소희, 신미옥, 신관식, 송화원, 송호영, 송혜란, 송현주, 송진아, 송정은, 송인혜, 송용석, 송승훈, 송명숙, 송근희, 손호만, 손현아, 손진근, 손은경, 손소영, 손성연, 손미승, 소수영, 성현주, 성현석, 성유진, 성용혜, 성열관, 성나래, 설은주, 설원민, 선휘성, 선미라, 석옥자, 석경순, 서혜진, 서정오, 서인선, 서은지, 서윤수, 서우철, 서예원, 서승일, 서명숙, 서금자, 서강선, 상형규, 복헌수, 복준수, 변현숙, 백현희, 백인식, 백영호, 백승범, 배희철, 배희숙, 배주영, 배정현, 배정원, 배일훈, 배이상헌, 배영진, 배아영, 배성호, 배경내, 방득일, 방경내, 반영진, 박희진, 박희영, 박효정, 박효수, 박환조, 박혜숙, 박형진, 박형일, 박현희, 박현주, 박현숙, 박춘애, 박춘배, 박철호, 박진환, 박진숙, 박진수, 박진교, 박지희, 박지홍, 박지혜, 박지인, 박지원, 박종하, 박정아, 박정미, 박은하, 박은정, 박은아, 박은경a, 박은경b, 박윤희, 박옥주, 박옥균, 박영실, 박영미, 박영림, 박신자, 박승철, 박숙현, 박수진a, 박수진b, 박수연, 박소현, 박소영, 박세영, 박성현, 박성찬, 박성규, 박선혜, 박선영, 박복선, 박미희, 박명진, 박명숙, 박동혁, 박도정, 박덕수, 박대성, 박노해, 박내현, 박나실, 박고형준, 박계도, 박경화, 박경진, 박경주, 박경이, 박건형, 박건진, 민형기, 민은식, 민애경, 민병성, 미류, 문희영, 故문홍빈(명예조합원), 문지훈, 문용석, 문영주, 문순창, 문순옥, 문수현, 문수영, 문수경, 문세이, 문성철, 문봉선, 문미정, 문경희, 모은정, 모영화, 명수민, 마승희, 류형우, 류창모, 류지남, 류정희, 류재향, 류원정, 류우종, 류영애, 류명숙, 류경원, 도정철, 도방주, 데와 타카유키, 노영필, 노상경, 노미경a, 노미경b, 노경미, 남효숙, 남주형, 남정민, 남유경, 남원호, 남예린, 남미자, 남동현, 남궁역, 날맹, 나규환, 김희정, 김희옥, 김홍규, 김훈태, 김효승, 김환희, 김홍규, 김혜영, 김혜순, 김혜림, 김형렬, 김형근, 김현진a, 김현진b, 김현주, 김현영, 김현실, 김현경, 김현, 김헌택, 김필임, 김태훈, 김춘성, 김천영, 김창진, 김찬영, 김진희, 김진숙, 김진명, 김진, 김지훈, 김지연a, 김지연b, 김지미, 김지광, 김중미, 김준휘, 김준연, 김주영, 김주립, 김종현, 김종원, 김종욱, 김종성, 김종만, 김정희, 김정현, 김정주, 김정식, 김정섭, 김정삼, 김정기, 김정규, 김재황, 김재민, 김인순, 김이은, 김이민경, 김은희, 김은파, 김은주, 김은영a, 김은영b, 김은아, 김은식, 김은숙, 김은남, 김은경, 김윤주a, 김윤주b, 김윤정, 김윤자, 김윤우, 김원석, 김우영, 김우, 김용훈, 김용양, 김용섭, 김용만, 김용란, 김요한, 김영희, 김영진a, 김영진b, 김영진c, 김영주a, 김영주b, 김영자, 김영아, 김영순, 김영삼, 김연정, 김연일, 김연오, 김연미, 김애숙, 김애령, 김시내, 김승규, 김순천, 김수현, 김수진a, 김수진b, 김수정a, 김수정b, 김수경, 김소희, 김소영, 김세호, 김성진, 김성숙, 김성보, 김설아, 김선희, 김선우, 김선산, 김선미, 김선구, 김선경, 김석준, 김석규, 김상희, 김상정, 김상일, 김상숙, 김상기, 김봉석, 김보현, 김병희, 김병훈, 김병섭, 김병기, 김범주, 김민희, 김민곤, 김민결, 김미향a, 김미향b, 김미향c, 김미진, 김미숙, 김미선, 김무영, 김묘선, 김명희, 김명섭, 김동현, 김동춘, 김동일, 김도현, 김도연, 김도석, 김대성, 김다희, 김다영, 김남철, 김남규, 김나혜, 김기웅, 김기오, 김기언, 김규항, 김규태, 김규리, 김광민, 김광명, 김고종호, 김경호, 김경일, 김경엽, 김경숙a, 김경숙b, 김가영, 김가연, 기형훈, 기세라, 금현진, 금현옥, 금명순, 권희중, 권혜영, 권현영, 권태윤, 권자영, 국찬석, 구희숙, 구자혜, 구자숙, 구완회, 구수연, 구본희, 구미숙, 괭이눈, 광흠, 곽혜영, 곽현주, 곽진경, 곽노현, 곽노근, 공현, 공은미, 공영아, 고춘식, 고진선, 고은정, 고은미, 고윤정, 고영주, 고병헌, 고병연, 고민경, 강현주, 강현정, 강현이, 강한아, 강태식, 강진영, 강준희, 강인성, 강이진, 강은정, 강영일, 강영구, 강엽, 강순원, 강수미, 강수돌, 강성규, 강석도, 강서형, 강병용, 강경모

※ 2019년 5월 2일 기준 891명